二人の女（放送大学附属図書館蔵）
明治初年、スティルフリード撮影。スティルフリードは当時一番の女性写真の撮影者であった。 彼の出現以後、手をつなぐ女性の写真が日本人写真師にも見られるようになった。

笑う女（国際日本文化研究センター蔵）明治中期の撮影。

女性写真（左）（長崎歴史文化博物館蔵）
明治期の撮影。「渡辺庫輔蒐集古写真」の１枚。
清河武安写真館で撮影された写真。

ARTISTIC
PHOTOGRAPHER

かっぽれ（放送大学附属図書館蔵）

明治初年、スティルフリード撮影。三味線に合わせてかっぽれを踊る。露光時間が長いので手が振れているところがリアルで面白い。かまぼこ型のトリミングはスティルフリードが好んで使っていた。

娘六人の後ろ姿（放送大学附属図書館蔵）

明治中期の撮影。全員がたすきを掛けている。帯締めを綺麗に見せようとしたのだろう。腰掛けて撮影しているので振袖を引きずっている。綺麗に撮れている髪は、当時流行した髪形なのだろうか。

弾き語りの女性たち（長崎大学附属図書館蔵）

撮影年代未詳。鈴木真一撮影。弾き語りの２人の女性。左の女性は三味線を持ち、右の女性は胡弓を持っている。胡弓は、三味線を小さくしたような擦弦楽器で、箏や三味線と合奏するのによく用いられる。

小松宮頼子（日本カメラ博物館蔵）

久留米藩主・有馬頼咸の長女。明治 2 年（1869）、仁和寺宮純仁親王（後に小松宮彰仁親王に改称）と結婚（58 頁·小松宮頼子参照）。

鍋島栄子（鍋島報效会蔵）
公卿広橋胤保の5女。胤子の没後、鍋島直大の継室に入る。直大渡欧の際、イタリア社交界で華やかに活躍する（53頁･鍋島栄子参照）。

入浴する女性たち（長崎大学附属図書館蔵）

撮影年代未詳。明治期、日本を訪れる外国人の土産物として浮世絵に代わる風俗写真が出回った。そのひとつに女性の入浴写真がある。

大村藩主・大村純熙の家族写真（長崎大学附属図書館蔵）
明治５年（1872）、上野彦馬の撮影（上野彦馬アルバム）。撮影場所は長崎の大村藩蔵屋敷（現中町協会）の玄関。中央に純熙と妻が椅子に腰掛け、その左右に４人の娘が正座している。

日本橋芸者「玉枝」

（放送大学附属図書館蔵）

明治 24 年（1891）、浅草十二階として知られた「凌雲閣」で開催された美人コンテスト の入賞者「玉枝」である。参加者は全員芸者だったという（82 頁参照）。

人力車でお出かけ

（放送大学附属図書館蔵）

明治初年、F・ベアト撮影。丁髷の車引きが珍しい。明治に入って間もない頃だろう。車に乗せる客は芸者、送り出すのは置屋のおかみ、といった所だろう。この時代が画像の中にキッチリと捉えられている。

幕末明治を生きた女たち

明治期、世界の写真史のなかでも燦然と輝く日本独特の美人写真が誕生した

「美人写真」の誕生と隆盛

——美人画の美意識のうえに発達した写真芸術

岡部昌幸

●新しい写真芸術「美人写真」

幕末明治の日本に生きた女性たちを今に見ることができるのは、十九世紀半ばから後半の世界における写真の勃興期に、いち早く隆盛した初期日本写真の功績によるものである。そして、魅惑的なそれらの写真は、単に記録的・歴史的意義をもつだけでなく、美的表現によって「美人写真」ともいうべき新しい写真芸術を誕生させることになった。今日それらを振り返るとき、その背景を十分に留意する必要がある。幕末明治の女性たちは、美しく生きるとともに、美しく見られてもいたのである。

十九世紀ドイツの代表的美学者テオドール・リップスは、心理学を哲学・美学に応用し、美が感情移入に発することを提唱、新しい美学の系譜をつくったが、リップスは、「人間は我われにとってもっとも魅力的な対象である。」と語った。森羅万象のなかで人間こそもっとも魅力的な対象であり、人間を表現することのなかにこそ美の発露がある。我われが、美を意識し、対象に美的な感情移入をして、初めて美が表現されるのである。こうした思想は、同時代に「美人写真」をとり続け、あくなき表現の追求をした写真家や、その普及者に大きな影響と励ましを与えたに違いない。

姫三人（尚古集成館蔵）
文久3年（1863）以降の撮影。島津斉彬の息女たち。左から典姫（4女）、暐姫（3女）、寧姫（5女）。斉彬が撮影したと伝えられた写真。

ただし、最初から「美人写真」が存在していたのではない。そもそも、「美人」の定義は、定義しようと思えば思うほど、難しい。「美人」の写真を「美人写真」と考えるなら、「美人」の定義が確立していなければならない。美学のうえでは「趣味の問題は議論できない。」といわれてきた。「蓼食う虫も好き好き」で、美も国によって、人によって好みはさまざまなはず。また写真家がどのようなものを美と考えていたかは、明確には証明することもできない。

ところが、日本写真史では、最初期より美人と考えられる女性を撮影した写真の系譜が存在する。現存する日本最古の湿板写真でもある安政五年（一八五八）撮影の伝・島津斉彬撮影の「姫三人」、上野彦馬が撮影した長崎の女たち、内田九一による長崎のラシャメン、同じく内田九一による明治五年（一八七二）撮

長崎の女たち（長崎大学附属図書館経済学部分館蔵）
慶応年間（1865－68）、上野彦馬撮影。中央の2人の女性は、プライヴァシーの理由で顔が削られたのであろう。

影の昭憲皇太后の肖像写真などは、日本写真史のうえでも欠かすことのできない写真ばかりであるが、列記すると美しき女性の肖像写真の系譜という見方をもてないこともない。

というより、数多くあった写真のなかで、美しい女性の写し身は特に作者の心を捉え、対象をより高貴に、優美に、魅力的に表現された。また、その美しい写真映像（明治前半の代表的写真家・北庭筑波の造語によれば「撮影」）が、後代のひとびとの心をもつかみ、数多くの写真映像のなかで文化財として残されていったといえないだろうか。

写真を撮るものにも、それを見るものにも、女性の写真映像に美を感情移入する美意識があって初めて美が生まれ、「美人写真」が誕生する。美意識の存在が、実は優れた「美人写真」の誕生と隆盛の決定的要素であったといえるのである。日本は、世界の写真史のなかでも、独特の「美人写真」を誕生させ、隆盛させたといえるが、その背景には写真家とその所蔵者に、こうした美意識があったと考えられる。

上記の上野彦馬とともに下岡蓮杖、田本研三などにより、文久二年（一八六二）以降の幕末に、長崎、横浜、函館で開業した営業写真館では、女性の写真も撮影された。その流れは、明治維新後の東京で開業した数十の写真館にも引き継がれ、手札版の貴顕高官の肖像や歌舞伎俳優とともに評判の芸者や美人は販売用の主要な題材であった。また幕末明治初年の横浜でスタジオを開き、写真を国内外に販売したサンダース、ベアト、スティルフリード、ファサリなど外国人写真家は、日本風俗のテーマとして、風景とともに女性美を強調した。

日本に独特に展開した「美人写真」の歴史的理由をいくつか挙げてみると、

①浮世絵と美人画の伝統における、美人の高度な芸術表現。

②江戸後期・幕末に発展した江戸趣味、服飾美の円熟が、独自の服装美を確立していたこと。

③西洋から流入した写真技術に伴う、西洋に流行していた美術史上の唯美的な異国趣味―オリアンタリスムとジャポニスムに濃厚な女性美のテーマ。

④海外用、国内用の土産用写真の流行

これらの日本独自の「美人写真」の美的背景は、写真が先に発展していたイギリスの写真史を比較するとわかりやすい。女性の肖像表現としては、イギリスでは、唯美主義、文学趣味が横溢するラファエル前派の絵画の影響を受けた女流写真家マーガレット・キャメロンの活躍が第一にあげられるが、それらは靄《もや》のかかるような、ピンボケに近いソフト・フォーカスによる独特な表現である。瞑想的でもあり、哲学的でもある女性美は、のちにピクトリアリズムの隆盛にも通じていく。それに対して、日本の「美人写真」は明確な輪郭と顔立ち、顔の表現をもつ写真である。日本における独自の「美人写真」の発展には、浮世絵で確立した美人画・役者絵の定型と、それを好んで購入した庶民の流通があった。これを線的表現を重視した日本独自の絵画主義（ピクトリアリズム）ともいえよう。

●「美人写真」の美学的追求

明治初年に始まった「美人写真」の隆盛は、明治中期、後期にさらに発展していく。帝国大

御園白粉、サッポロビールの広告に添えられた美人写真（『全国美人帖』第五輯、所収）

女性の全身像写真（個人蔵）

学の衛生学教授に招聘されたイギリス人W・K・バルトンは、上水道の開設のほか、高層建築の先駆・浅草十二階の設計など明治中期の日本で多彩な活躍をした。そのバルトンの業績の一つが写真の普及であった。写真技法入門書の刊行のほか、日本写真会の設立、そして自ら設計した浅草十二階の階上における海外写真の展覧会の開催では、「美人写真」の展覧会も企画した。

日本写真会の会員には、芸者や美人を妻に迎えた明治の華族が多くおり、バルトンの妻も日本人で、彼とともに乾板工場の開設に功のあった小川一真のパトロンであった鹿島清兵衛には新橋芸者の「ぽんた」との艶聞もあった。つまり、草創期の日本写真会の会員と乾板制作などで写真の大衆化に務めた写真界の庇護者たちには、「美人写真」および芸者美学に親しい人物たちばかりで、「美人写真」には彼らの美意識も反映されていたに違いない。

さらに明治三十年代末、三越デパートメントストーアが、完全無欠の美人のモデルを定めようとして、新橋芸者で著名な半玉美人の「七人組」（栄龍、小初、小桃、さよ子、老松、春子、

女優・川上よし子（筆者蔵）

『芸者美学』（筆者蔵）

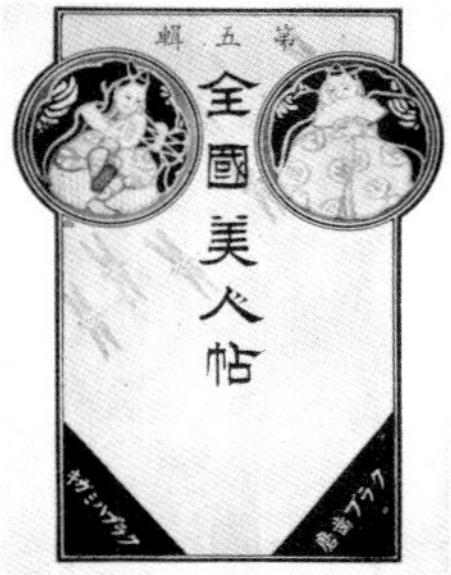

『全国美人帖』（筆者蔵）

和子）を重ね撮りし、「広告絵」（ポスター）の代用とした。当時、乱立して競っていた新聞・雑誌が特集を組んだ美人論と相乗効果を上げ、美人美学に寄せる社会の関心の高まりが極まった表現であったともいえる。

こうした美人論の興隆のなかで、民族学、解剖学上の比較研究に基づく、お雇い外国人の帝国大学医学教授ベルツ博士による「日本美人論」が発表されることになる。

美人論の高まりはその後も続く。明治四十四年（一九一一）に大阪の『帝国新聞』は新聞付録として、別冊の『全国美人帖』を五集発表した。「美人写真」を八四点を掲載したものである。どのページにも白粉、香水、化粧品、ビール会社などの製品の広告が添えられ、「美人写真」が宣伝塔になっていたことがわかる。このようにして、「美人写真」は大衆のなかに浸透していった。

大正四年（一九一五）、東京堂書店・京華堂書店刊の藤沢衛彦『芸者美学』は『やまと新聞』の連載を出版した著作。女性研究者、骨格研究者、遺伝学者、そのほか国内外のさまざまな賢者・学者の説を引用しながら、美人を論じていくが、その際に有効であったのが、挿入される図版すなわち「美人写真」であった。

「顔のみに起論して、容姿を忘却する事は、美人鑑賞の態度上に於ける日本人の通弊」であって、「日本人が顔面美と共に、漸く容姿美の上に厳しく言ひ出したのは、それは最近の事であった。西欧の文化頻りに伝来し、東洋の芸苑に、漸く洋画が重んぜらるゝや、此処に人体美は、彼等が言ふ裸体美の傾向と併行して、容姿美も亦注意せらるゝ事となつた。」という。著者が、容姿美（同時に服装美）として示す図版が、女性の全身像である。

浮世絵・美人画の伝統的美意識を踏まえた明治の「美人写真」は、このようにして写真により、新しい美人表現に移り変わっていった。ちょうど、時代が二十世紀欧米のモダニズムの影響を受けて発達した「芸術写真」の時代に変わりつつある時期であった。

その後の二十世紀の「美人写真」の展開は、次の時代がもたらした美学的追求である。

幕末明治を生きた女たち

良妻賢母の女、女性の地位向上・解放をめざした新しい女、彼女らはどう生きたか

塚越俊志

●浮世絵に描かれた美人画

江戸時代の女性というと、喜多川歌麿らに代表される浮世絵師たちによる美人画に描かれた女性たちのみが唯一の視覚資料であった。錦絵（浮世絵）は海外に流出し、外国人たちの手に渡り、いつしか日本人のイメージが、「歌舞伎・富士山・芸者（花魁）」というものになった。

こうした矢先、幕末期にやって来た外国人たちの手によって女性たちがその被写体の対象となった。これは、一つは日本人というものを民俗学的見地から調査しようとする目的があったからである。そして、もう一つは美人画に描かれた女性たちを被写体に収めたいという興味からであろう。

幕末期の日本人女性は二十歳で一四〇センチそこそこ、猪首、猫背、くびれ胴、内輪にくねった脚つき（内股が主流になったのも天明期ぐらいからといわれる）というのが、一般像であった。

このように描かれた美人から、実物の美人像の変遷はどうであったのだろうか。ここに日本人の美人の認識を示しておこう。

●明治の美人たち

明治二十年（一八八七）三月二十日付『朝日

「江戸名所百人美女　あすかやま」部分
（東京都立中央図書館蔵）

新聞』によると、「当世女の骨格　天保弘化期には、顔の長うて目の張りがようて、生下の毛が長うて背の高い女でなくては美と云はず、女房を迎へるにも芸娼妓を抱えるにも、多く右の標準により、それより降って明治の初年にありては、顔は丸く眼は常体で少し眦の釣り上がり、髪は黒くて、背の小がらでなくては当世でないとて、いはゆるポチャ顔の流行せしが、この頃に至りては時好大いに一変し、今にも一般に束髪、洋服の世界にならんとするの勢いなれば、芸娼妓を抱える親方はもとより判人のごときも、束髪、洋服の似合うべき背の高い眼の張りのよい鼻の高い女でさへあれば、髪は少々赤うても縮んで居ても、いっこう頓着なく、その内ABC位の横文字を心得て居る女は、なほさら足の早きよし。時の勢いと云ふはハテ妙なもの」と書かれている。明治に入り、顔は色白の丸ポチャが美人像の一つとなったほか、目尻のつり上がった、薄いまぶたのウリざね顔、軽い受け口という顔つきが主流となったほか、小柄なスタイルが好まれるようになった。

　これは、明治十七年下谷で行われた日本最初の美人コンクール「美人共進会」というものが一つの象徴となったのであろう。記録がほとんど残っていないため、この時の美人コンクールの詳細はわかっていないが、明治十六年十二月二十九日付『東京日日新聞』に「先頃米国にて催したる美人共進会の体にならひ明春早々下谷竹町なる旧佐竹邸跡へ会場を建て、全国の美人の写真を集め一場に陳列して梅桜桃李の等級を品し優等のものえは、それぞれ賞品を与ふるとか縦覧人はさぞ多かるべし」という構想が見受けられるのみである。実際の美人コンクールの記録は『時事新報』が明治四十年六月に行った美人コンクールで、この時岩手県知事令嬢末広ヒロ子という学習院の生徒が一等となった。これを知った院長の乃木希典は怒り、ヒロ子は退学処分となった。そもそも彼女の知らないうちに写真が出されたことを考えると、本人としては複雑な気持ちであっただろう。彼女は乃木の取計らいで、最終的に野津鎮之助侯爵夫人となった。

　明治三十年代になると、二十歳で一四八センチ位まで身長が伸び、女学校などでも姿勢を正

会津若松城（小沢健志氏蔵）

明治７年（1874）撮影。戊辰戦争の際、旧幕府方として徹底抗戦への道をとった会津藩は、官軍と約１か月に及ぶ若松城攻防戦を繰り広げた。天守にはその時の砲弾の痕が残る。

す習慣が出てきたほか、ハイカラという言葉も誕生し、西洋的なこともその生活の中に入ってくるようになる。女性の表情も明るくなり、豊満な芸妓が明治美人の典型となっていった。一方、陸奥亮子や九条武子、柳原白蓮、松井須磨子といったような、日本風でありながらどこかエキゾチックな雰囲気を醸し出す女性への魅力も感じられるようになっていった。

　このように、メディアが創り出した美人像が浸透し、美人のイメージを形成するようになるのである。

　一方、鹿鳴館時代に代表されるように外交官や大物政治家たちの夫人として脚光を浴びた戸田極子や山川捨松（大山巌夫人）らも「鹿鳴館の華」として脚光を浴び、女性たちが表に出ることによって夫や日本のために尽力する姿も見られた。外見の美しさだけでなく、内面も磨かれた知性あふれた魅力的な女性たちが外国人たちから注目されている。

　また、女性の平等を求め戦った平塚らいてうや福田英子らもいる。彼女たちは生涯をかけて、男女平等を実現するために全身全霊を傾けた。時間はかかったもののあきらめずに男女平等を叫び続けたことが実を結ぶこととなる。

●幕末・明治を駈けた女、新島八重

　幕末・明治をどの女性よりもたくましく、凛としたしなやかな女性像で変わりゆく時代と共に駆け抜けた女性がいる。その女性は新島八重である。二〇一一年三月十一日、日本は未曾有の大震災にあった。とりわけ、東北地方の被害は甚大であった。二〇一三年の大河ドラマ『八重の桜』では彼女の生涯が扱われる。桜は春の花で、精神的な象徴でもある。それ以上に、東北の復興に希望をつなぐための花として「桜」が選ばれたのだろう。一人ひとりのかけがえのない一歩がやがて立派な花を咲かせる。花の命は一瞬だけど、その一瞬に何よりも美しく輝く。そうした一瞬の命の美しさが新島《にいじま》八重《やえ》に象徴されるのだろう。

　八重は、弘化二年（一八四五）十一月三日会津藩砲術指南役山本権八、母咲の子として若松城下の米代四之丁で生まれた。山本家は武田信玄の軍師として仕えた山本勘助の子孫で、兵学

『戊辰戦争絵巻』に描かれた会津軍（個人蔵）

帯刀姿の新島八重
（同志社大学蔵）
大正撮影。

で会津松平家に仕えることとなった。八重は、物怖じせず快活な性格で、生まれつき男まさりの女性であった。子供の頃は母と共に畑に出、夜は遅くまで機織りに従事した。しかし、徐々に武芸にも興味を持つようになって行った。八重と兄の覚馬が会津で過ごしたのは、彼女が九歳までの時と十二歳から二十歳までで、後半は兄から洋式砲術を学び、武士の子弟たち（白虎隊士ら）に教えるまでになったという。明治元年（一八六八）、会津戦争時には戦死した弟三郎の衣装をまとい断髪し、友の中野竹子と共に七連発式スペンサー銃を担ぎ、籠城戦に臨んだ。時に二十四歳。

　城の包囲を受けながら、会津軍はゲリラ戦を展開し、夜襲をかけ敵を怯ませた。八重は男の兵に混じって、この夜襲に参加した。ケベール銃で狙撃し、多くの兵を倒した。この夜襲に参加した女性は八重ただ一人である。こうした活躍から八重はのちに「幕末のジャンヌ・ダルク」とも呼ばれた。

　入城した女性たちは兵糧を炊き、弾丸を作り、負傷者を看護するなどの役目を果たした。常に

❶若き日の山本（新島）八重（同志社大学蔵）

明治４年（1871）前後の撮影か。山本みね、伊勢みや、山本八重の３人で撮ったときの写真の八重の姿。

❷結婚して間もない頃の新島夫婦（同志社大学蔵）

明治９年(1876)の撮影。京都で新島襄と最初の日本人クリスチャンの結婚式が行った。

❸結婚して間もない頃の新島とその家族（同志社大学蔵）

明治９年（1876）の撮影か。左から八重、八重の母・山本佐久、襄、父・民治、母・とみ、姉・みよ。

死と向かい合わせの状況で女性たちは働き、そして戦ったのである。戦に行く男性たちは、故郷にいる女性たちのために、女性たちは愛し信じる男性たちのために、そして未来の子供たちのために会津戦争を戦いぬいたのである。

九月十四日に敵の総攻撃が始まった。同二十二日、会津藩は降伏。この日の月は明々しく、八重は「あすの夜はいづくの誰かながむらむ馴れし大城に残す月影」と詠んだ。月影に見たものは、仲間の面影であり、弾丸で傷ついた会津城の様子を見てあの頃へ還れないと思っただろう。しかし、月の明るさは明日への希望にもつながった。

八重には二十一歳の時に結婚した夫川崎尚之助がいた。川崎は兄の要請で、鉄砲に関する基礎学問や、弾丸の製造について指導した人物である。川崎は会津戦争中、城内の大砲隊を指導していたが、藩士で無かった彼は降伏後、姿を消した。八重の父権八は戦死、兄は薩摩に捕えられ、釈放後、京都に逃れたが八重はこのことを知らなかった。失ったものが大きかった八重は隠遁生活を送り、その後、兄の生存を知った。

明治四年、八重は兄のいる京都へ旅立った。

京都へ行った八重は、兄の勧めで女紅場《にょこうば》（府立第一高等女学校の前身）の舎監となった。ここで生徒に養蚕や習字などを教えていたが、進歩的な考え方の兄に触発されて英語を学ぶようになった。そして、それまでとは打って変わって頭髪を洋風にし、西洋靴を履き、当時の最先端の流行を取り入れた女性として脚光を浴びた。八重は既にキリスト教に入信し、布教活動を開始していた。

ここで運命的な人物と出会うことになる。新島襄である。新島は安中藩の江戸藩邸において、天保十四年（一八四三）一月十日に生まれた。水戸学と頼山陽の思想的影響の強かった藩学の中で育ち、幕府の軍艦操練所で洋学を学ぶ中、キリスト教や海外の情勢を知った。元治元年（一八六四）、海外渡航を志し箱館に向かい、ロシア人司祭ニコライに会う。ニコライは新島の情熱に負け、弟子にすることをあきらめ、密航に協力した。こうして新島は箱館から米船ベルリン号で出航し、上海経由でアメリカに渡り、アーモスト大学に入学、卒業後の明治五年にア

❷

❶

❸
Sister.

正装した新島八重肖像
（同志社大学蔵）
明治 21 年（1888）撮影。

洋装の新島八重肖像
（同志社大学蔵）
明治 21 年（1888）撮影。

メリカを訪れていた岩倉使節団に随行し、ヨーロッパを視察した。帰国後はキリスト教普及のため、同志社英学校の創立を図り、山本覚馬の助けを得て協同で同志社を創立するに至った。

新島は山本家に出入りしているうちに、八重と出会い、意気投合し、明治九年一月二日、洗礼を受け、翌三日、結婚した。八重もここから本格的に同志社創立に加わった。

明治十四年、新島襄と八重夫妻は、会津若松を訪れ、有志とはかり、キリスト教伝道を開始し次第に信者を増やしていった。明治十八年三月二日、京都同志社系の日本組合キリスト教会若松教会は、若松の六日町にキリスト教講義所を開設した。翌年、新島襄が若松に立寄り、洗礼式並びに聖餐式が盛大に行われた。

八重は男女平等を目指し、彼女自身自分らしく生きようとし、周囲からはわがままと見られ「天下の悪妻」と非難されることもあったが、夫新島襄は八重のよき理解者であり、彼女を「ハンサム・ウーマン」と称した。

明治二十三年、新島襄が死去した後、八重は女性教育者として、さらに日清・日露戦争の時は篤志看護師として救護活動に参加し、「日本のナイチンゲール」という評価を受けた。また、社会福祉活動にも尽力した。このような活動に至ったのは、会津戦争の悲劇を経験したことと、キリスト教の愛の精神にふれたからほかならなかった。その功績が認められ、勲六等宝冠章を受賞。晩年は華道や茶道をたしなみ、昭和三年（一九二八）に秩父宮（昭和天皇弟）妃となった松平勢津子（松平容保の四男松平恒雄娘）へ婚礼の祝いとして写真と和歌「いくとせか ミねにかゝれる村雲の はれて嬉しきひかりをそ見る」と書き贈っている。八重はこの和歌で会津藩に着せられた「朝敵」の汚名を晴らし、苦難に耐えた会津人の喜びを詠んだのである。昭和七年、八十八歳で永眠し、同志社葬がとり行われた。

残されている八重の写真を見ると、幕末・明治に生きた女性たちの生き生きとした姿が伝わってくる。ここに掲げられた写真を見ながら、当時の雰囲気を思う存分に味わっていただきたい。

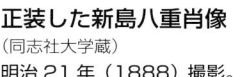

会津出身学生と新島夫妻（同志社大学蔵）
明治 20 年（1887）撮影。最後列中央に新島夫妻。

篤志看護婦八重（同志社大学蔵）
明治 39 年（1906）撮影。

八重と赤十字の看護婦（同志社大学蔵）
明治 39 年（1906）撮影。最前列中央に八重。

楠本伊篤（大洲市立博物館蔵）撮影年代未詳。

楠本伊篤［くすもと いね／ 1827 − 1903］

シーボルトと長崎の遊女楠本たきとの間に生まれた娘。父の偉大さや学問の深さを聞かされて育ち、幼少から知り合いの通詞にオランダ語を学び、自らも学問の道を志した。はじめに、備前岡山藩の石井宗賢のもとで、産科医に必要な基礎学問を学び、娘高子をもうけた。続いて、長崎の阿部善庵に従い産科医術修業を受け、さらに宇和島藩にいた村田蔵六のもとで学術伝習を受ける。そして、出島在留のポンペらに従い産科医術を学び、その後、大村益次郎の後を追い上京し、京橋区築地で産科医業を始めた。

楠本伊篤、三瀬諸淵・高子の家族写真

（大洲市立博物館蔵）

撮影年代未詳。楠本伊篤を中央に右に三瀬諸淵、その後ろに高子の娘、左奥に高子。

三瀬諸淵・高子夫婦（大洲市立博物館蔵）
撮影年代未詳。三瀬諸淵が断髪している姿であることから明治６～８年前後か。

三瀬高子［みせ たかこ／ 1850 － 1938］
シーボルトの娘楠本伊篤の娘。父は岡山の医師石井宗謙。16 歳の時に大洲の洋学者三瀬周三と結婚するも、明治 10 年（1877）に死別する。上京後、医師片桐重明と結婚。やがて、伊篤に呼び戻され、佐賀県杵島郡の柄崎病院院長山脇泰介と結婚。箏曲、三味線、胡弓にも通じ、多くの門人を抱えたという。高子の手記が 2008 年に公開され、そこには混血児の生き辛さがあったものの母やシーボルトの持つ気強さで生きる姿が描かれている。

伊達都子（港区立港郷土資料館蔵）

撮影年代未詳。

伊達都子［だて くにこ／1869 − 1946］

平戸藩主松浦詮の３女。仙台藩最後の藩主伊達宗基夫人。写真裏書きには「伊達二位公内」と記されている。明治 17 年（1884）に結婚している。１男１女を授かる。父松浦詮は奥羽越列藩同盟征討に出陣したほか、長崎浦上キリシタン弾圧を主張した。晩年には貴族院議員をつとめている。

大久保満寿子（大久保家蔵）撮影年代未詳。

大久保満寿子［おおくぼ ますこ／生年不詳―1878］

薩摩藩士早崎七郎右衛門の次女。明治政府の柱としてその基礎を確立した内務卿大久保利通夫人。安政４年（1857）、大久保利通と結婚。極貧生活を深い愛と絆で乗り切った。満寿子は５男１女を産む。明治11年（1878）に利通が紀尾井坂の変で死去すると、後を追うかのような死であった。利通の日記には満寿子の記述はほとんど見られない。

大久保利通（国立国会図書館館蔵）撮影年代未詳。

伊藤梅子 撮影年代未詳。

伊藤梅子（右）［いとう うめこ／1848－1924］
木田又兵衛長女。初代内閣総理大臣伊藤博文夫人。下関稲荷「いろは」の養女となり、芸者に出仕し、小梅を名乗った。２人は料亭「林亀」で知り合った。梅子は勝気で進取の気性があり、克己心が強く、後年下田歌子に和歌を学び英語の習得にもつとめた。日々の身だしなみに気を配り、婦徳の鏡とされた。明治 17 年（1884）、宮中女官の制服改正に尽力した。博文暗殺後、涙一つ見せず家族をたしなめるも、自室で「国のため光をそへてゆきましし君とし思へどかなしかりけり」と胸中を詠んだ。

伊藤博文（港区立港郷土資料館蔵）撮影年代未詳。

江良加代（日本カメラ博物館蔵）
撮影年代未詳。

江良加代（江戸加代）［えら かよ（えど かよ）／生没年不詳］
京都祇園の名妓。木戸孝允の寵愛を受け、祇園の練物に出るため 3000 円もかかる衣装を作ったが、孝允が死去したため、伊藤博文が建て替えたこともあり深い仲になる。西園寺公望の妾の時期もあったという。のち三井源右衛門に落籍された。歌舞伎役者中村歌右衛門は晩年、「子供の頃に見た、京都のお加代さんという人ほどの美人はございません」と語っている。

松子と高杉晋作の遺児・東一（左写真）
（国立歴史民俗博物館蔵）
内田九一撮影。年代未詳。明治４年（1871）９月 29 日、高杉晋作の遺児東一（梅之進・梅太郎、最初谷姓、1864－1913）は、明治４年５月４日、祖父高杉小忠太から東京へ連れて行くことを承諾され、木戸孝允が同行し山口から上京した。

木戸孝允（港区立港郷土資料館蔵）
撮影年代未詳。

木戸松子（個人蔵）
撮影年代未詳。松子の着物の帯の柄や着こなしから左写真と同時期の撮影か。

高杉晋作（港区立港郷土資料館蔵）
撮影年代未詳。

木戸松子［きど まつこ／ 1843 － 1886］
祇園の名妓幾松。小浜藩士生咲市兵衛の次女。岡部利済養女。木戸孝允夫人。置屋竹中かのの養女となり、芸者家業に従事した。元治元年（1864）の禁門の変の後、京で孝允を匿い、但馬国出石へ逃し、そこで合流。明治 10 年（1877）に孝允が死去すると、剃髪して翠香院と称し、京都木屋町の別邸に住み菩提供養を行った。

西郷清子（個人蔵）撮影年代未詳。

西郷清子［さいごう きよこ／1854－1928］
薩摩藩士得能良介長女。海軍大臣西郷従道夫人。クララの日記（1879年付）で、清子が26歳と記されている。子に従理が生まれるも11歳という若さで死去した。夫従道は隆盛の弟。内閣制度が作られてから、第2次山県有朋内閣までの歴代内閣に入閣し、海軍・農商務・内務・陸軍の各大臣を歴任した。

西郷従道（国立国会図書館蔵）
撮影年代未詳。西郷隆盛の弟としても知られる。

浅野千代子（小川益子氏蔵／行田市郷土博物館提供）
撮影年代未詳。

浅野千代子［あさの ちよこ／1893－1949］
板垣退助４女。浅野泰治郎（浅野財閥２代目浅野総一郎）夫人。父板垣退助は戊辰戦争で総督府参謀等として軍功をあげ、明治６年（1873）、征韓論に敗れると、翌年、愛国公党を組織して、民撰議院設立建白書を太政官左院に提出し、自由民権運動を展開。第２次伊藤博文内閣・第２次松方正義内閣・第１次大隈重信内閣の内務大臣をつとめた。晩年、華族制度廃止を主張したことでも知られる。

千代子の父・板垣退助（国立国会図書館館蔵）撮影年代未詳。

外務大臣時代の陸奥宗光（中央）、亮子（左）、長男の廣吉（右）（陸奥家蔵）
撮影年代未詳。

陸奥亮子（陸奥家蔵）撮影年代未詳。

陸奥亮子［むつ りょうこ／ 1856 − 1900］
金田蔀長女。外務大臣陸奥宗光夫人。明治初期、東京新橋柏屋の芸妓となり、小兼（小鈴）の名で出る。明治５年（1872)、宗光と結婚。同 11 年、宗光が政府転覆計画に加担した罪で、投獄生活（仙台）を送っていた時は留守をよく守った。獄中からの手紙で、妻を励ます夫の姿が見られる。同 21 年、宗光が駐米公使となるとともに渡米した。亮子の美貌と聡明さは、ワシントンの社交界の華と賞賛された。

谷玖満子（個人蔵）撮影年代未詳。

谷玖満子 ［たに くまこ／ 1843 － 19098］

土佐藩士国沢七郎長女。農商務大臣谷干城夫人。文久３年（1863）、干城と結婚。玖満子は質素な家風を作り、夫が後顧の憂いのないよう家を守った。西南戦争の際は熊本城を守衛する干城とともに城中にあって、炊事や負傷兵の看護等に率先して動き、叱咤激励を行った。東京に住むようになってからは養蚕に成功したほか、旧藩主山内豊範の命で息子の豊景の養育を託された。慈善会や婦人会にも関与した。

谷　干城（個人蔵）撮影年代未詳。

戸田極子（影山智洋氏蔵）撮影年代未詳。

戸田極子［とだ きわこ／ 1857 − 1936］
公卿岩倉具視次女。明治４年（1871）、元大垣藩主戸田氏共と結婚。鹿鳴館時代において、鹿鳴館の名花の条件「洋装が似合い、英語とダンスがうまく、外国人たちと物怖じしないで交わることができる」という条件を満たし、さらに美貌であることから、一躍鹿鳴館の華となった。同 20 年夫がウィーン公使に赴任すると、極子は公使館で日本料理を手作りし岐阜提灯を飾ったほか、箏も披露し喝采を浴びた。また、日本の音楽（「六段」など）をヨーロッパに紹介した最初の人としても知られている。

徳川美賀子（茨城県立歴史館蔵）撮影年代未詳。

徳川慶喜（茨城県立歴史館蔵）撮影年代未詳。

中根幸（茨城県立歴史館蔵）
［なかね こう／ 1836 − 1915］
撮影年代未詳。旗本中根芳三郎の娘。徳川慶喜の側室。慶喜に長年つきそった側室の１人。筆子の子蜂須賀年子の話によると、幸は「粋でスマートな人」であったという。

新村信（茨城県立歴史館蔵）
［しんむら のぶ／ 1852 − 1903］
撮影年代未詳。実父は松平勘十郎。小姓頭新村猛雄の養女。徳川慶喜の側室。慶喜の謹慎解除後も身の回りの世話をしていた１人。慶喜は寝るときに側室のお信の方とお幸の方を四角い部屋の両側にＹ字型に寝かせたと伝わる。これは暗殺者に用心するためであった。慶喜の娘・筆子の子・年子（蜂須賀正韶伯爵夫人）の話では、信は「美人だった」という。

徳川鏡子（２女）
（茨城県立歴史館蔵）
［とくがわ きょうこ／ 1873 − 1893］
撮影年代未詳。15 代将軍徳川慶喜長女。徳川家達の弟達孝と結婚するも 20 歳という若さで死去。夫達孝は貴族院議員、侍従長、学習院評議員等をつとめた。

徳川美賀子（港区立港郷土資料館蔵）撮影年代未詳。

徳川美賀子［とくがわ みかこ／ 1835 − 1894］

公卿今出川公久長女。15代将軍徳川慶喜の正室。嘉永6年（1853)、慶喜と婚約し、安政2年（1855）に結婚。慶応4年（1868)、慶喜謹慎後、美賀子は徳川家と将軍の助命嘆願に尽力。江戸開城の際、小石川梅の御殿に移り、のち旧久世大和守下屋敷に移住。明治2年（1869)、慶喜の謹慎解除とともに駿府に移動した。2人は宝台院などに住んだ。同24年、高松凌雲の執刀で乳がんの摘出をした。同27年、上京して千駄ヶ谷の徳川家達邸に入るも、肺水腫を併発して死去。

伊達孝子（2女）
[だて たかこ／1874－1960]
（福井市立郷土歴史博物館蔵）

撮影年代未詳。紀伊藩主徳川茂承次女。宮中顧問官伊達宗陳夫人。明治 31 年（1898）に宇和島伊達家に嫁ぐ。洋学を津田梅子に、絵画を佐久間棲谷に学んだ。「写生草子」という画集が残されている。

松平保子（3女）
[まつだいら やすこ／1875－1950]
（福井市立郷土歴史博物館蔵）

撮影年代未詳。紀伊藩主徳川茂承3女。式部官、紀伊徳川家分家伊予西条藩の松平頼和夫人。

徳川久子 ［とくがわ ひさこ／ 1873 − 1963］
（福井市立郷土歴史博物館蔵）
撮影年代未詳。紀伊藩主徳川茂承長女。貴族院議員徳川頼倫夫人。和歌をこよなく愛し、『紀の国』という歌集を著した。

娘たちの父・紀伊徳川 14 代藩主・徳川茂承
撮影年代未詳。

渋沢兼子（渋沢史料館蔵）撮影年代未詳。

渋沢兼子［しぶさわ かねこ／ 1852 − 1934］

幕末の江戸の大豪商伊藤八兵衛長女。八兵衛の４人の娘は美人四姉妹といわれている。第一銀行頭取渋沢栄一の後妻。明治 16 年（1883）に栄一と結婚。明治の歌人鶴久子の弟子として、同 35 年の３回忌建碑にかかわっている。同年、夫婦ともに渡米し、セオドア・ローズヴェルト大統領と会見した。また同 42 年、渋沢栄一が団長となり、東京・大阪等６大都市の商業会議所を中心とした民間人 50 名が、３か月にわたり渡米した実業団に兼子も参加し、タフト大統領と会見している。

渋沢栄一（渋沢史料館蔵）明治 16 年（1883）撮影。

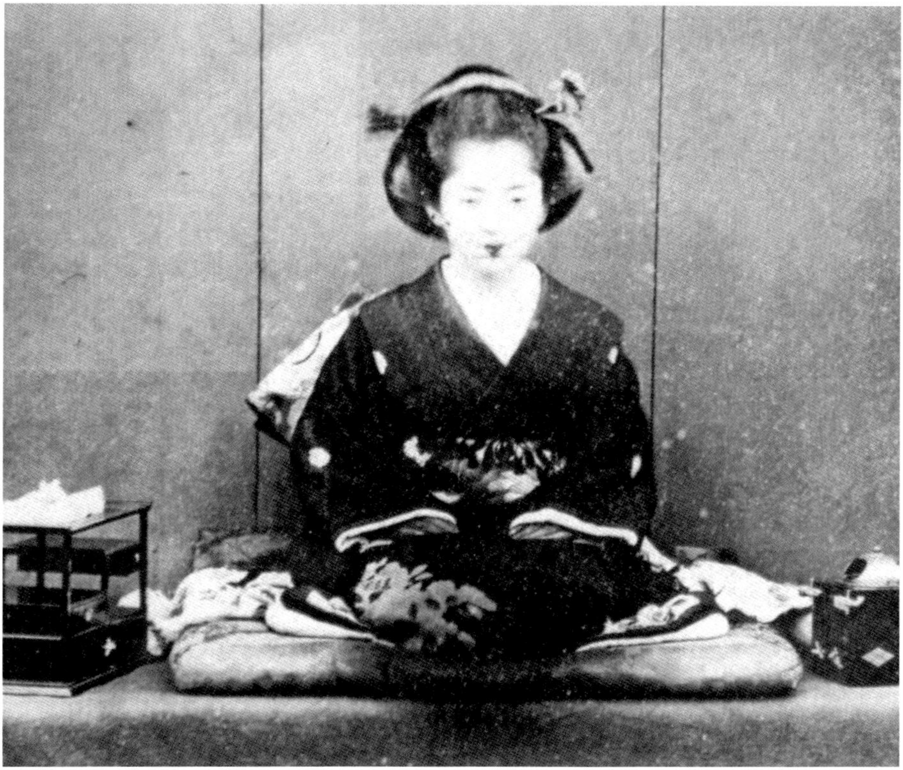

南部郁子（もりおか歴史文化館蔵）
撮影年代未詳。

郁子の父・南部利剛
（もりおか歴史文化館蔵）
撮影年代未詳。

南部郁子［なんぶ いくこ／ 1853 － 1908］

盛岡藩主南部利剛長女。郁子は正室明子の英才教育によって、笙、ひちりきの名手となったほか、琴や鼓にも通じ、乗馬も得意であった。南部家は戊辰戦争の時に国替えの危機を迎えたが、郁子は明治３年（1870）、海軍少将華頂宮博経親王と婚約し、４年後皇族となった。しかし、夫は結婚後わずか３年で死去し、長男博厚親王も９歳で没した。

鍋島直大・胤子夫婦（鍋島報效会蔵）
撮影年代未詳。

鍋島胤子 [なべしま たねこ／ 1850 − 1880]
公卿梅渓通善長女。佐賀藩主鍋島直大夫人。慶応３年(1867)に直大と結婚。明治７年（1874)、幼い朗子と直映を義母筆姫に預けて、直大のイギリス渡航に同行。フランス語などの語学に通じ、油絵や西洋刺繍も学んだ。帰国後は、洋画界の先駆者となった。

鍋島栄子
(個人蔵)
撮影年代未詳。

鍋島栄子
(鍋島報效会蔵)
撮影年代未詳。

鍋島栄子 [なべしま ながこ／1855 － 1941]

公卿広橋胤保5女。福井藩主松平茂昭夫人幾子の姉に当たる。胤子の没後、直大の妻となる。明治15年(1882)、直大がイタリア特命全権公使としてイタリア在任中に伊都子を出産。イタリアで社交界では華やかな活躍を遂げた。直大が鹿鳴館舞踏練習会幹事長になると、栄子は経験を活かし活躍。ロティの『江戸の舞踏会』中の「アリマセン侯爵夫人」のモデルとなっている。日清戦争や日露戦争では率先して傷病兵の看護に当たったことから「日本のナイチンゲール」とも呼ばれた。栄子は前妻の子であっても一切の差別なく慈しんで育てた。

日本赤十字社の活動に参加した伊都子

結婚式の日の伊都子 明治33年（1900）撮影。

婚約後の伊都子（17歳） 明治31年（1898）撮影。結婚前はおもに和装ばかりだったため、宮中の正装である洋装に慣れるのに苦労したといわれる。

梨本宮守正・伊都子夫婦 明治42年（1909）撮影。

（54頁写真・青梅きもの博物館蔵）

梨本宮伊都子 [なしもとのみや いつこ／1882－1976]

佐賀藩主鍋島直大2女。久邇宮朝彦親王の4男・陸軍大将梨本宮守正夫人となる。華族女学校卒業。特に和歌に優れていた。明治42年（1909）、フランスの陸軍士官学校への留学を終えた守正に同行して、欧州各国の王室を訪問し、そこで社交界の華として注目された。著書に『梨本伊都子日記』が現存する。

梨本宮伊都子（鍋島報效会蔵）
明治 41 年（1908）撮影。

有栖川宮慰子妃　撮影年代未詳。

有栖川宮慰子妃（丸木家蔵）
撮影年代未詳。丸木利陽撮影。

有栖川威仁親王（丸木家蔵）撮影年代未詳。丸木利陽撮影。

有栖川宮慰子［ありすがわのみや やすこ／ 1864 − 1923］

金沢藩主前田慶寧の４女。海軍大将有栖川宮威仁親王夫人。明治 13 年（1880）に結婚。幼時から漢学を野口之布に、画を松岡環翠に、和歌を高崎正風に、書を夫から学んだ。また英仏語に堪能で、天皇の信任の厚かった親王の欧米諸国視察にも同行した。欧米の救貧施設を視察し、慈恵病院幹事長、総裁を歴任。彼女が死去した後、有栖川宮の称号は消滅した。

小松宮頼子妃（港区立港郷土資料館）撮影年代未詳。

小松宮頼子妃
（日本カメラ博物館蔵）
撮影年代未詳（10頁参照）。

小松宮頼子［こまつのみや よりこ／ 1852 － 1914］

久留米藩主有馬頼咸長女。陸軍大将小松宮彰仁親王夫人。明治２年（1869）に結婚。篤志看護婦人会総裁をつとめた。彰仁親王は同３年にイギリスに留学し、同５年に帰国した。その後上書して、皇族は欧州の例にならって幼年より軍務に励むべきであると主張し、翌年、皇族は陸海軍人となる道筋をつけた。

北白川宮富子妃（丸木家蔵）撮影年代未詳。丸木利陽撮影。

北白川宮富子［きたしらかわのみや とみこ／ 1862 − 1936］

宇和島藩主伊達宗徳次女。薩摩藩「国父」島津久光の養女となる。近衛師団長北白川宮能久親王夫人。明治 19 年（1886）に結婚。能久親王は台湾出兵中に現地で没したため、未亡人となり、子女の養育につとめた。夫は奥羽越列藩同盟の軍事総督輪王寺宮公現親王として推戴されたが、やがて官軍に降った。

北白川宮能久親王（丸木家蔵）撮影年代未詳。丸木利陽撮影。

伏見宮利子妃（港区立港郷土資料館蔵）撮影年代未詳。

伏見宮利子［ふしみのみや としこ／1858－1927］

有栖川宮熾仁親王の第４王女。貞愛親王妃。利子の姉には水戸藩主徳川慶篤夫人となった幟子や彦根藩主井伊直憲夫人宜子らがいる。利子は学芸に造詣が深く、また日露戦争時は出征兵士が仮休息所で休憩をとる時に、商人がこれにつけこんで私利をこやすことを聞き、ただちに宮邸を貸し与え、70余名の兵士を休息させた。自ら銚子を持って兵士をねぎらったという。

伏見宮貞愛親王（港区立港郷土資料館蔵）撮影年代未詳。

伏見宮利子妃（丸木家蔵）
撮影年代未詳。丸木利陽撮影。

閑院宮智恵子妃（丸木家蔵）
撮影年代未詳。丸木利陽撮影。

閑院宮智恵子［かんいんのみや ちえこ／ 1872 － 1947］
三条実美次女。陸軍大将、参謀総長閑院宮載仁親王夫人。智恵子は跡見花蹊について勉強に励み、明治 12 年（1879）、花蹊に連れられて姉小路桃、一条辰と共に昭憲皇后に御前講義を行った。同 24 年に載仁親王と結婚し、2 男 5 女を授かる。社会事業に尽力し、大日本婦人教育会や日本赤十字篤志看護婦人会の総裁を務めている。また、日露戦争時には、愛国婦人会の総裁として活躍した。

華頂宮経子妃（丸木家蔵）撮影年代未詳。丸木利陽撮影。

華頂宮経子［かちょうのみや つねこ／ 1882 － 1939］

15 代将軍徳川慶喜 9 女。明治 30 年（1897）、結婚。夫博恭親王は海軍大将、海軍軍令部長をつとめた。日露戦争では、連合艦隊旗艦三笠分隊長として黄海海戦に参加し、皇族軍人の中でも実戦経験が豊富であった。同 37 年に華頂宮から伏見宮に復籍。博恭がイギリス留学中は、田中華頂家の家令橋口御用掛を従えて渡欧、夫婦そろって欧州各国をまわった。昭和 14 年（1939）、左胸助膜炎になり、体調が悪化。同年、8 月 18 日に死去。

華頂宮博恭王 撮影年代未詳。丸木利陽撮影。

九条武子（個人蔵）大正9年（1920）頃撮影。

九条武子［くじょう たけこ／1887－1928］

大正・昭和期の歌人、社会事業家。浄土真宗西本願寺法主大谷光尊次女。美貌で知られた。明治41年（1908）、九条良致と結婚。同年、夫が横浜正金銀行ロンドン支店詰となったのを契機に渡英、翌年帰国。竹柏会に入門。大正5年（1916）、処女歌集『金鈴』を発表。夫の長期不在を悲しむ女性の歌集として大いに世上に謳われた。慈善事業に向かい、関東大震災では被災者の救援にあたった。昭和2年（1927）の詩文集『無憂歌』はベストセラーとなった。この印税をもとに慈善病院「あそか病院」が創立された。

荻野吟子（北海道・せなた町蔵）撮影年代未詳。

荻野吟子［おぎの ぎんこ／ 1851 − 1913］

日本最初の女性医師資格試験合格者。荻野綾三郎の５女。明治６年（1873）、漢方医井上頼圀に入門、同８年、東京女子師範学校（現・お茶の水女子大学）を経て、同12年に私立医学校の好寿院に進学、３年後卒業。当時、女性には医師資格試験の受験が認められていなかったが、石黒忠悳や長与専斎らの取り計らいで受験が許可され、合格。同21年、医師の資格を得、本郷湯島に産婦人科荻野医院を開業。さらに、海老名弾正から洗礼を受け、日本基督教婦人矯風会風俗部長として活躍。

柳原白蓮　撮影年代未詳。

柳原白蓮［やなぎはら びゃくれん／ 1885 － 1967］
歌人。本名宮崎燁子。公卿柳原前光次女。明治 33 年（1900）、華族女学校中退。北小路資武と結婚するも、5 年後離婚。同 41 年、東洋英和女学校入学（同 43 年卒業）、在学中に竹柏会に入り、佐佐木信綱に師事し短歌の道を志す。同 44 年、炭鉱王伊藤伝右衛門と再婚。「筑紫の女王」と呼ばれ、美貌と才能を羨望されたが、宮崎滔天の子竜介と恋愛に落ち、大正 12 年（1923）結婚。この時、「私は金力をもって女性の人格的尊厳を無視する貴方に永久の訣別を告げます」という三行半を伊藤に突きつけ、「公開絶縁状」が新聞紙上に載った。

ピエール・ロティとお菊さん（個人蔵）撮影年代未詳。

ピエール・ロティとお菊さん

ルイ・マリー・ジュリアン・ヴィオー（ピエール・ロティは筆名）(1850 － 1923) は明治18年(1885)と同33年から34年の２度にわたり来日。第１次来日時は鹿鳴館のパーティに参加した。日本を題材とした小説に『お菊さん』『お梅が三度目の春』がある。『お菊さん』の冒頭で、日本人を「何と醜く、卑しく、また何とグロティスクなことだろう」と軽蔑していた。プッチーニの「マダム・バタフライ」（お蝶夫人）はロティの『お菊さん』を参考にしたといわれる。

津田梅子（津田塾大学蔵）
明治 22 年（1889）5 月撮影。ブリンマー・入学当時の姿。

津田梅子［つだ うめこ／ 1864 − 1929］
佐倉藩士津田仙次女。明治 4 年（1871）、岩倉使節団に北海道開拓使派遣女子留学生の 1 人として渡米。同 6 年、受洗。同 15 年に帰国し、築地海岸女学校、下田歌子の桃夭女塾で英語を教え、伊藤博文家の通訳兼家庭教師等をつとめた。同 18 年から華族女学校教授をつとめ、この間にブリンマー・カレッジに留学。同 31 年、東京女子高等師範学校教授兼任。同 33 年、女子英学塾 (後の津田塾大学) 創設。その後も世界をまたにかける活躍を果たす。

坪内逍遥と妻・セン（早稲田大学演劇博物館蔵）
撮影年代未詳。

坪内セン［つぼうち せん／ 1868 － 1935］
セン (加藤セン子) は東大の近くにあった根津遊郭の大八幡楼の娼妓・花紫で、学生であった小説家坪内逍遥が通いつめ、明治 19 年（1886）に結婚した。松本清張の『文豪』はこれをテーマにしたもの。2 人に子はなかった。養子に入った坪内士行はセンが「極めて我執の強い、競争心の激しい女性である」と語っている。

吉岡弥生（東京女子医科大学史料室蔵）
明治 23 年（1890）撮影。医術開業試験前期試験合格記念写真。右側が吉岡弥生。

吉岡弥生［よしおか やよい／ 1871 − 1959］
東京女子医科大学創設者。医師鷲山養斎長女。明治 22 年（1889）、済生学舎に入学。同 28 年、東京至誠学院でドイツ語を学び、院長吉岡荒太と結婚。風紀を取り締まるため、母校が女性の入学を拒否しだしたので、同 33 年に東京女医学校を創設し、女性医師勉強の道を開いた。弥生は自ら女性にふさわしい知的職業としての女医の道を選び、全国から集まる入学者に医者を作るのではなく女医を養成するという意識で教育を行った。勲二等瑞宝章を受章している。

吉岡弥生（東京女子医科大学史料室蔵）明治 33 年（1900）撮影。

川上貞奴（名古屋市・文化のみち二葉館蔵）
撮影年代未詳。

川上貞奴［かわかみ さだやっこ／ 1871 − 1946］
明治・大正期の女優。小熊久次郎の娘。明治 11 年（1878）、芸者置屋浜田可免に養女として入籍。同 20 年、奴と名乗って売り出し、最初のパトロンは伊藤博文であった。同 24 年、川上音二郎を知り、同 27 年に結婚。同 29 年、川上座劇場を新築。音二郎が衆議院議員選挙に落選したことをきっかけに海外巡業へ。帰国後、「オセロ」等を披露。大正 6 年（1917）に明治座で「アイーダ」を最後に引退。『川上音二郎貞奴漫遊記』や『自伝川上音二郎貞奴』の著書がある。

樋口一葉 ［ひぐち いちよう／ 1872 − 1896］

明治期の小説家。農民樋口則義の娘。明治 19 年（1886）、中島歌子の萩の舎に入門、歌作りに必要な教養を身につけた。やがて、同門の田辺龍子が小説を刊行したのに刺激され、同 24 年、東京朝日新聞記者半井桃水の指導を受けて小説を書き始めた。処女作は『闇桜』であるが、出世作は『うもれ木』。さらに、『たけくらべ』で、一葉の声価を高めた。

一葉会の集まり（日本近代文学館蔵）

明治37年（1904）2月7日、本郷区（現文京区）丸山福山町の樋口一葉の旧宅前で撮影。前列左から岡田八千代，小山内薫，与謝野寛（鉄幹），辻村黄昏，森田草平，蒲原有明，川下喜一。後列左から馬場孤蝶，与謝野晶子，河井酔茗，上田敏，樋口邦子（一葉の妹），栗原古城，生田長江，梧桐夏雄，中村しげる。

樋口一葉（日本近代文学館蔵）撮影年代未詳。

与謝野晶子（日本近代文学館蔵）撮影年代未詳。下写真は右の女性が与謝野晶子。

与謝野晶子 ［よさの あきこ／ 1878 − 1942］

明治―昭和期の歌人。鳳宗七3女。堺女学校卒業。家業のお菓子屋を手伝う傍ら、独学で古典を勉強した。明治33年（1900）、『明星』に短歌を発表。大阪で来阪した与謝野鉄幹と会い恋に落ちる。翌年、結婚。『みだれ髪』を発表し、自由奔放な近代浪漫主義の歌風を樹立。有名な「君死にたまふこと勿れ」に対する批判に対し、「まことの心をまことの声に出だし候とよりほかに、歌のよみかた心えず候」と生涯を通じて誠の声を詠いあげた。

平塚らいてう（日本近代文学館蔵）
撮影年代未詳。

平塚らいてう［ひらつか らいちょう／ 1886 − 1971］
明治一昭和期の婦人運動家、社会運動家。平塚定二郎３女。明治 40 年（1907）、『愛の末日』を書き、妻子ある森田草平と雪の塩原へ逃避行。その後、心中未遂事件として各新聞に載った。同 44 年、『青鞜』を創刊。これ以降、婦人問題を解決するために新婦人協会を立ち上げる等尽力する。

石川節子（石川啄木記念館蔵）明治 37 ～ 38 年。

石川節子［いしかわ せつこ／ 1886 － 1913］
歌人石川啄木夫人。岩手県生まれ。堀合忠操の娘。明治 32 年（1899）、私立盛岡女学校に入学、同 34 年卒業。2 年後、篠木小学校の臨時教員として裁縫を教える。同 38 年、啄木と結婚。同 39 年から函館に在住。同 41 年、啄木は上京。その後、東京朝日新聞の校正係になるにともない節子も上京。大正元年（1912）、啄木死後、節子は千葉県館山に一時在住、同年に函館にわたるも実家の堀合家で死去。彼の日記を函館市立図書館に寄託。

野中千代子（野中勝蔵氏蔵）撮影年代未詳。

野中千代子 [のなか ちよこ／ 1871 － 1923]

高山での越冬気象観測が未知の世界であった時代、厳寒の冬の富士山頂で、初めて夫・野中至(到)とともに気象観測を行った女性が千代子である。千代子は夫の富士山頂での越冬観測を助けため、夫に内緒でその準備を行い、明治28年（1895）1月から2度にわたって富士山への冬季登山を行った。8月には私財を投じて、富士山頂に日本で最初の富士気象観測所を建設。そして10月、夫と共に気象観測を開始するが、作業は高山病と寒さのために困難を極めた。やむなく途中下山するが、千代子は71日の観測生活を綴った『芙蓉日記』を書き残した。後年、野中夫妻の勇気と忍耐をともなった感動の記録をもとに新田次郎が小説『芙蓉の人』を描いている。

朝吹磯子（小川益子蔵／行田市郷土博物館提供）撮影年代未詳。

磯子の実父・長岡外史

朝吹磯子［あさぶき いそこ／ 1890 − 1985］

陸軍中将でスキーの導入に先導的役割を果たした長岡外史長女。三越社長朝吹常吉夫人。女子テニス選手の草分け、歌人として有名。大正 15 年（1926）、全関東テニス選手権大会の女子シングルス及びダブルスで優勝。また、佐佐木信綱の竹柏会に入門したほか、藤波会会員、『心の友』同人、十一日会会長を歴任した。著書に『八十年を生きる』、歌集『蒼樹』などが知られている。

永見銀子（長崎歴史文化博物館蔵）撮影年代未詳。

永見銀子［ながみ ぎんこ／ 1894 − 1952］
長崎で倉庫業を営み、劇作家・美術研究家でもあった永見徳太郎夫人。新劇の新進女優から下谷の芸者となっていた女性が徳太郎の世話になっていた時、その女性は銀子のことを「永見夫人は余ほど賢い人だった。あり得る筈の嫉みもなしに、はるばる東京から来た私の寂しさを推察しては、私の妾宅へ来て心から慰めたり、さまざまの贈物を届けたりして、いとしい親身のように撫るのだった。」と『女優情史』に書いており、銀子の性格がうかがえる。

大浦 慶（長崎歴史文化博物館蔵）撮影年代未詳。

大浦 慶 ［おおうら けい／ 1828 － 1884］
長崎油屋町の油商太平次の娘。弘化元年（1844 年）に天草の庄屋の息子幸次郎とも秀三郎ともいわれる人物と結婚するも失敗に終わり、100 両の手切金を出して天草へ戻り、以後独身。嘉永 6 年（1853）頃から欧米各国へ嬉野産の茶の輸出をはじめ、茶商として成功。海援隊などを庇護したことで知られる。慶の遺品の中に坂本龍馬の写真が見つかっている。明治 12 年（1879）、アメリカ大統領グラントが長崎に来た際、女性でただ一人国賓として艦上に招かれている。

大浦慶が大事に持っていた坂本龍馬の写真（三吉治敬氏蔵・米蔵・慎蔵・龍馬会資料管理）撮影年代未詳。

貿易商人・大浦慶の拠点長崎港の風景（長崎県立図書館蔵）明治初年撮影。

東京百美人——凌雲閣で始まった日本の美人コンテスト

写真帖で明かされる百美人たちの全貌

井桜直美

凌雲閣（絵葉書）（国立国会図書館蔵）

日本で最初に美人コンテストが行われたのは、明治二十四年（一八九一）七月のこと。それは、ステージでしなやかに歩く女性の美しさを競うものではなく、女性の写真を展示して、それを見た来場者に投票してもらうコンテストだった。

◆　◆

この企画が開催されたのは、前年に浅草で開業した凌雲閣だった。そこは、高さ六六・七メートル（五四メートルの説もある）の八角形の高塔で、レンガ造りの十二階建。この当時の日本一高い塔である。浅草十二階とも呼ばれたその塔からの眺めは圧巻で、富士山はもちろん、房

『TYPES OF JAPAN CELEBRATED GEISHA OF TOKYO』
（行田市郷土博物館蔵）
『東京百美人』の表紙。この写真帖は東京みやげのひとつとなった。

小川一真（行田市郷土博物館蔵）
万延元年（1860）、忍藩（現埼玉県行田市）で生まれる。明治15年（1882）、単身渡米留学、帰国後写真家として活躍する。

総半島まで見えたという。一銭で双眼鏡も借りることができ、その景色は人気を呼んだが、一番の呼び物は、なんといっても日本初のエレベーターだった。凌雲閣の構造は、一階から八階まで外壁の内側に沿って階段があり、エレベーターは八階まで塔の中央に設置されていた。八階から上は中央にらせん階段があり、外壁の窓が大きくなる。十一階と十二階にはテラスがあって、外に出て景色が眺められた。しかし、そのエレベーターが相次ぐ故障で翌年の五月には運転停止となってしまった。そこで凌雲閣は、八階まで客が階段を上っても苦にならず楽しむことができるにはどうするかと考えた。それが、階段に沿った壁に美人の写真を展示してコンテストを行うことだったのだ。

◆　◆

美人たちの撮影を依頼されたのは、小川一真（一八六〇〜一九二九）。アメリカで乾板写真製法やコロタイプと呼ばれる写真を印刷する技術を学び、明治十八年（一八八五）に東京の飯田町に「玉潤館」という写真館を開業した写真師だ。明治二十一年（一八八八）には、神田三

優勝した新橋・玉川屋の玉菊（17歳）

（行田市郷土博物館蔵）

1等となった翌日には、1500円で落籍され
話題となった。

崎町に「小川写真製版所」という日本初の写真印刷業を始め、明治中期以降の日本の写真界の発展に大きく貢献した人物である。

◆　◆

小川はこの美人コンテストのために、新しくスタジオを設けた。百人におよぶ出場者を同じ条件で撮影するためである。写真を見ると、どれも同じ涼しげな日本間が模されたスタジオで撮影されている。顔部分の背景にはなにもなく、少し暗くして顔を引き立てているようだ。葦戸を半開きにしてあるのは、彼女たちが必要であれば戸を掴み、立ち姿が動かないように安定させるためであろう。皆同じ、凌雲閣と書かれた団扇が持たされている。実際に展示された写真は、縦九〇センチ、横六〇センチで、着色が施され額装された大判で豪華なものだったという。それにしても、エレベーターの運転停止が五月末頃で、美人コンテストの開始が七月十五日である。およそ一ヶ月半で、どうやってそのような手の込んだ百枚もの写真を制作出来たのだろうか。小川は、写真館の営業を一切中止して、かかりきりになったとは言われるが。

◆　◆

美人コンテストの出場者は、全員芸妓である。新橋、柳橋、日本橋など東京の一流どころから約百人が選ばれ、その上位が決まる。当然、その後の花代を賭けた女たちの戦いとなった。撮影を任された小川の心労も気になるが、それについて小川自身はなにも書き残していないようだ。このコンテストの投票方法は、凌雲閣の登覧券を客が購入すれば入場するときに投票用紙が引き換えとなり、そこに芸妓の名前を一人記入して投票するといったものだった。期間は三〇日間で、週に一度上位五名の得票数を書き込んだ経過発表がされた。それが女たちの競争心をかきたてた。自分の旦那に頼みこんで投票用紙を買占めてもらうなどの不正が続く。ケンカもあったようだ。そこで凌雲閣は、九月十二日までの六〇日間を期間とし、得票数の経過発表をやめることにした。

◆　◆

結果、総投票四万八〇〇〇票余り、その内二一六二票を獲得した新橋の玉川屋玉菊（本名川口しよふ、十七歳）が優勝。次いで、二一三〇

85 東京百美人

3等／新橋・中村屋の小豊（19歳）
（行田市郷土博物館蔵）

2等／新橋・相模屋の桃太郎（19歳）
（行田市郷土博物館蔵）

5等／新橋・河内屋の小鶴（28歳）
（行田市郷土博物館蔵）

4等／新橋・津之国屋の吾妻（17歳）
（行田市郷土博物館蔵）

『東京百美人』の一人・新橋のお鈴
（行田市郷土博物館蔵）
『東京百美人』の一人。

票を獲得の新橋の相模屋桃太郎（本名谷はな、十九歳）が二等。二〇五七票を獲得の新橋の中村屋小豊（本名辻とよ、十九歳）が三等、二〇五四票を獲得の新橋の津之国屋吾妻（本名中岡せい、十七歳）が四等、二〇三〇票を獲得の柳橋の河内屋小鶴（本名藤井りき、二十八歳）が五等となった。かなりの接戦である。上位五名には、ダイアモンド入りの純金ネックレスと大和錦の丸帯が贈られたそうだ。その他の出場者にも、それぞれの写真と白米一俵、梅干し一樽が進呈された。優勝した玉菊は、すぐに旦那衆から引手数多となり、翌月には千五百円で落籍され話題となった。大成功を収めたこの芸妓の写真による美人コンテストは、その後「東京百美人」と銘打たれ、明治二十五年と明治二十七年にも凌雲閣で行われている。

◆ ◆

小川一真は、第一回目の美人コンテストに使われた写真の内、十二枚をコロタイプに印刷した写真帖を発行した。「Types of Japan Celebrated Geysha of Tokyo」と題されたその写真帖には、選び抜かれた上位十二名までのその美しい姿が紹介されている。明治二十八年には、「Types of Japan Celebrated Geysha of Tokyo. 9 Plates with 105 Portraits」というタイトルで、写真の上には「東京百花美人鏡」と記された写真帖も発行され、出場した百一名の芸妓と世話人をした四名の老妓を含む百五名の肖像写真が掲載された。凌雲閣では、世話人をした老妓の写真も、投票対象の写真とは別の階で展示していたようである。こちらの写真帖は、展示された写真の上半身の部分だけを切り抜いた写真が使われ、やはりコロタイプに印刷されている。これで美人コンテストに出場した全員の容貌が明らかにされた。

◆ ◆

エレベーターが故障した穴埋めに急きょ開催された美人コンテストが、これほど盛況を得るとは、凌雲閣や小川自身も思っていただろうか。小川はその後も、「東京百美人」と題した写真帖を発行し、当時の美しい芸者たちを紹介している。

89 東京百美人

『東京百花美人鏡』

（行田市郷土博物館蔵）

明治28年（1895）6月21日発行。編集兼印刷発行者・小川一真。新橋、柳橋の有名芸者を紹介した写真集。

新橋・新恵比寿家　栄龍（小沢健志氏蔵）

新橋・梅三升　梅香（小沢健志氏蔵）

新橋・桔梗家　かね（小沢健志氏蔵）

新橋・千登勢　喜代美（小沢健志氏蔵）

新橋・桔日の出家　光子（小沢健志氏蔵）

新橋・蔦小松　えん（小沢健志氏蔵）

新橋・伊東屋　寿々女（小沢健志氏蔵）

（P 98 − 99 写真・小沢健志氏蔵）

日本橋・布袋家　小花

柳橋・紀の国屋　もと

新橋・中村家　小寿々

新橋・伊藤屋　とも

日本橋・寿々喜家　その子

新橋・平井家　君葉

新橋・三升屋　みやこ

新橋・大泉　老松

（P 100 − 101 写真・小沢健志氏蔵）

新橋・三浦屋　源太

柳橋・富士栄家　きみ子

新橋・辰中村　くに

新橋・新翁家　小稲

新橋・若松屋　小糸

新橋・春本　寿美江

新橋・中村家　小豊

新橋・紀の国家　竹治

新橋・玉　中村寛子

新橋・京家　おきな

柳橋・栄　千代子

新橋・菊中村　みか

新橋・春本　関屋

新橋・春本　かの子

新橋・久升鶴　駒龍

新橋・辰中村　千代子

新橋・玉の家　ぽん太（小沢健志氏蔵）
明治中期の撮影。旧名は谷田、名は恵津（または恵津子）。明治１３年（1880）に東京品川の花街に生まれ、幼少のころから芸妓になるように育てられた。酒問屋のお大尽鹿島清兵衛が、写真のモデルを気に入り、１７歳の時に落籍。その後、正式に結婚して妻となる。清兵衛は、写真館を始めるが常識はずれの道楽がたたり廃業。実家からも見放されてしまうが、ぽん太は、長唄や踊りの師匠をして生計を支えた。大正１３年（1924）に清兵衛が没し、その翌年に４５歳で他界する。

新橋・三州屋　さかえ（小沢健志氏蔵）

大正期の撮影。詳細は不明だが、後に歌舞伎俳優の２代目市川左団次の妻となったとされる。当時の女形が、彼女の歩き方を真似たというほど歩く姿も美しかったようである。大正期に流行した絵葉書には、当時の人気芸妓の写真がよく使われた。彼女の写真を使った絵葉書がたくさんあるのは、人気のすごさの証である。

新橋・三州屋　さかえ（小沢健志氏蔵）

新橋・三州屋　さかえ
（小沢健志氏蔵）

新橋・三州屋　さかえ
（小沢健志氏蔵）

新橋・三州屋　さかえ

新橋・三州屋　さかえ

新橋・三州屋　さかえ

新橋・三州屋　さかえ

新橋・三州屋　さかえ

新橋・三州屋　さかえ

新橋・三州屋　さかえ

新橋・三州屋　さかえ

（P 110 － 111 写真・小沢健志氏蔵）

新橋・菊三升　栄龍（右上）

明治後期から大正期の撮影。本名は伊藤りの。明治 29 年（1896）に名古屋に生まれた。14 歳の時に初めてお座敷に上がる。三越のイメージガール「完全無欠美人」に選ばれ、その他にもポスターやチラシなどの広告によく採用された。大正期の新派俳優河合武雄との浮名を流す。

赤坂・春本　万竜（左上）

明治後期から大正期の撮影。本名は田向静。明治 27 年（1894）に生まれ、7 歳の時から芸妓置屋春本の養女となり、その後に芸妓となる。「文芸倶楽部」が明治 41 年（1908）に主宰した「日本百美人」の人気投票で優勝し、その名が知られた。たくさんのポスターや絵葉書のモデルに採用された。

大阪・冨田屋　八千代

明治後期から大正期の撮影。本名は遠藤美記。明治 20 年（1887）に大阪で生まれた。実家は豪農であったが、淀川の大洪水で富を失い、加賀屋の養女となった。13 歳の時に冨田屋に移り芸妓となる。芸の上手さや人柄の良さで評判となり、写真家光村利藻の絵葉書のモデルをしてさらにその名を広めた。その後、日本画家菅楯彦と結婚する。

新橋・吉田屋　お妻

明治中期の撮影。明治５年（1872）に対馬で生まれ、12 歳の時に妹と一緒に東京に出た。15 歳で文学士小田貴雄と結婚するが、夫の遊びが過ぎて小田家から山下よねに引き取られる。その後、離婚した夫の借金返済のために芸妓となる。凌雲閣で開催された東京百美人の写真を撮る時に、髪結いが来ないので洗い髪のまま写真館に行って撮影してもらい、その写真で「洗い髪のお妻」と呼ばれ、広く知られるようになる。その写真は洗髪料のパッケージにも使われた。大正４年（1915）に 43 歳で死去。

（芸者名未詳）

（芸者名未詳）

新橋・三州屋　さかえ

照葉

新橋・三州屋　さかえ

(芸者名未詳)

芸者の名刺写真

明治期の撮影。写真館などで、まるでアイドルのブロマイドのように売られていた名刺判写真。写っている本人たちも、お客に渡して自らの宣伝に使っていたようだ。ちょうど手のひらサイズで、帰り際に着物の胸元や袖の袂からそっと出して渡されれば、嬉しく思わない客はいなかっただろう。明治初期からこのような写真は出回っていて、明治後期から大正期に流行した絵葉書のブロマイドの先駆けとなった。

函館の芸者（上）（函館市立中央図書館蔵）

長崎の芸者（左）（長崎歴史文化博物館蔵）

S. Urata
NAGASAKI
JAPAN.

（P 118 − 119 写真・小沢健志氏蔵）

明治の令嬢美人コンクール

――画期的、社会に飛び立つ深窓の令嬢

日本初の美人写真コンクールに、なんと七千枚の応募写真が集まる。

津田紀代

●女学生のイメージ

女学生は、明治の若いインテリ層をたとえる代名詞ともえる。小説にも、リボンの髪に袴姿の女学生が自転車に乗っていく風景が描写されている。尋常小学校卒業後一般教育を行なう学校として、女学校は明治五年（一九七二）の東京女学校（後の東京女子高等師範学校附属高等女学校）を皮切りに次々に開校した。そして、「高等女学校は女子に必要な高等の普通教育を施すところ」とされ、明治三十二年高等女学校令施行によって中等教育機関として制度化された。少女たちは三～五年間通って、修身、国語、外国語、歴史、地理、理科、家事、裁縫、図画、音楽、体操のほか、漢文、手芸などの科目を学んだ。ほかにも教員養成をする女子師範学校、職業技術修得の実業学校などがあり、高等女学校卒業後、ごくわずかの進学組は、女子高等師範学校や女子専門学校へ進んだ。そうした新しい教育を受けた女性たちを総称して女学生と呼ぶこととする。

女学生は、袴の色と紫式部をかけて「海老茶式部」などとも呼ばれ、何かと話題をまいた。明治三十年代から四十年代は、マスメディアの発達によって、『女学雑誌』、『女学世界』、『少女世界』など女学生向けの雑誌も相次ぎ刊行さ

末広ヒロ子（国立国会図書館蔵）
女学生の令嬢。もの思いにふけるようなポーズは洗練されている。

美人令嬢第1等

末弘ヒロ子（16歳）（国立国会図書館蔵）

末弘直方4女。明治26年5月生まれ、7人兄弟。ピアノ、生花は池坊、お茶は表千家をたしなむ。髪は流行の大きなリボンをつけたマーガレート。自然な太眉の顔は、当時の呼び方でいえば、二重瞼のまるぽちゃ美人である。

れた。こうした雑誌には、「女学校」をキーワードにした記事や付録がみられる。新案女学双六（『女学世界』明治三十七年）、女学校双六（『少女世界』明治四十二年）などは、カリキュラムのこま絵から女学校のようすが手にとるようにわかる。

　女学生の多くは、経済的にゆとりある家庭の子女で令嬢でもあった。明治三十年代頃から令嬢たちは雑誌のグラビアページを飾り、「○女学校在学中の○ご令嬢」、「○女学校卒業の○家のご令嬢」といった形で紹介された。

●令嬢の美人写真募集

　そうした世相を反映して、令嬢たちの写真は、明治四十年の美人写真募集という一大イベントに登場した。これは、アメリカのシカゴのトリビューン社が時事新報社に、世界一の美人選抜への参加を依頼したことからはじまった。時事新報社は、「一種の国際的緊要の意を寓せるを知るべし。新興の日本帝国は、一時一物、決して人後に落つべからず、場合によりては、自ら進んで大いに薦むるの必要あるに当たり、恰も好し此の挑戦状は、わが国に与ふるに絶好の機会を以ってせるものに非ずや」と、意向を表明した。主催者は全国の新聞社へ呼びかけて、四カ月余りで七千枚の写真を集めた。募集条件は、女優、芸妓、其の他容色を職業の資とする者の写真は採用しない、写真に身長、胸囲、腰囲などの併記といったものであった。まず、地区選抜が行なわれ、十三名の著名人によって二次審査が実施された。審査員は、洋画家の岡田三郎助、日本画家の島崎柳塢、写真学者の大築千里、女形俳優の中村芝翫、女形俳優の河合武雄、美術鑑識家の高橋義雄、彫塑家の高村光雲、人類学者の坪井正五郎、写真技師の前川謙三、容貌研究家の前田不二三、医学者の三宅秀、三島通良、彫塑家の新海竹太郎であった。

　一次審査の通過者より、一等から三等を選抜し、十二等までを選定した。三人は日本代表としてサンデートリビューン紙にも写真が掲載された。

　時事新報社は、一次審査通過者二一四名を『日本美人帖』(The Belles of Japan Photographs of Japanese Women of Good Family) にまとめ、販売の利益は慈善事業に寄付すると謳った。写真帖の趣意には、「淑女の写真を集むるは、従来その例を見ざるところなるに、さらに、これを日本全国に求めたるに至りては、全く、この帖を以って、嚆矢となすことなれば、観者は、また必ず世間稀有の珍として、これを迎え、また明治美人の真鑑として、確かに、後代に伝うるの価値あるを認め、決して一場の茶話的娯楽の具となさざるならん」とある。

一等に輝いたのは、小倉市長の四女、末弘ヒロ子であった。応募のきっかけは、写真に造詣の深い下宿先の義兄（江崎写真館次男）が無断で応募したことであった。後日ヒロ子はそれを知り、応募写真の回収を懇願したようだ。学習院女子部に在学中であったが、一等になったことが問題視され、ヒロ子は退学することとなった。深窓の令嬢が公然と容姿の優劣を競うことははしたないことで、良妻賢母を育てる教育方針に添わない行為ととらえられた。新聞各紙は、「日本一の美人を学校から出したことは名誉なことだ」と学校側に抗議した。

一方、二等の金田ケン子は憧れの海軍士官と婚約している。三等の土屋のぶ子は人気の高いレート化粧品のイメージキャラクターとして広告写真に登場した。また一般入賞者のなかには、後に帝劇女優一号となる森律子もいた。森律子は、百名の志願者から女優に選ばれたという。

●令嬢のおしゃれ事情

写真から令嬢たちのよそおいをみると、最新のおしゃれを思い思いに楽しんでいるようすが伝わってくる。例えば、ネックレスのように首から長い時計鎖を下げ、衿には衿止めブローチをつけている。そして羽根のボアを巻き、指輪も両手にたくさんはめている。髪は、島田など日本髪に比較すると、リボンのマーガレートやお下げ、ひさし髪などの洋風束髪が倍以上である。しかし、着物や袴姿が多く、洋装はまだまだ少数派であった。まさに、和様混交のおしゃれのようすをみることができる。

明治の美人選びというと、浅草の凌雲閣百美人をはじめ、芸妓を対象にしたものが多い。そうした社会状況のもとで、素人、しかも深窓の令嬢の美人選びは、非常に画期的なことであっ

末弘ヒロ子の着物姿（国立国会図書館蔵）

振袖の晴着で帯は立矢の字結びである。高島田を結い、指輪を２つはめて、扇を手にしている。正装にも最新流行の装身具を取り入れた令嬢姿。学習院中退後、乃木院長の計らいで、野津元帥の子息と結婚した。

後ろ姿

た。社会通念としては、先の学校のような考え方がまだまだ根強い時代であった。

一方、応募者たちにとって、美人写真募集はどういった意味があったのであろうか。他薦、自薦いずれも、写真という新しい媒体を使って自己表現をするという側面があり、これに参加することが、社会へ飛び立つ契機になったのではないだろうか。

美人令嬢第２等

金田ケン子（19歳）（国立国会図書館蔵）

宮城県仙台市　五つ紋の振袖の正装に立矢の字結びの帯で、島田髷を結っている。流行の首掛け時計鎖や襟止めブローチをつけ、指輪はふたつはめている。面長美人。

美人令嬢第３等

土屋ノブ子（19 歳）（国立国会図書館蔵）
栃木県宇都宮市　レート化粧料の広告に登場。五つ紋の振袖の正装で帯は立矢の字結びにし、首掛け時計鎖をかけ、両手に指輪をはめている。束髪の面長美人。

美人令嬢第4等

尾鹿直子（23歳）（国立国会図書館蔵）

三重県飯坂町　五つ紋の正装に、ひさし髪で、襟止めブローチをつけている。

美人令嬢第５等

竹内操子（17 歳）（国立国会図書館蔵）
東京市麹町区　女学生風のお下げ髪に大きなリボンをつけている。首かけ時計鎖、立矢の字結びの帯で、上唇は少なめに、下唇におちょぼ口になるように小さくさした口紅は、古典的な化粧である。新旧混在のよそおい。

美人令嬢第６等

森内ヨシ子（22歳）

（国立国会図書館蔵）

三重県飯坂町。太めの眉、ひさし髪に後れ毛をあしらったスタイルが流行した。

美人令嬢第７等

鶫野露子（19歳）

（ポーラ文化研究所蔵）

東京市日本橋区。数少ない洋装の令嬢で、昼間用のアールヌーヴォー様式のドレスに身を包んでいる。ウェストを細くしぼったスタイルが特徴であった。

美人令嬢第8等

鷲尾久枝子（22歳）

（国立国会図書館蔵）

東京市京橋区。島田髷の令嬢。

美人令嬢第9等

中尾順子（21歳）

（ポーラ文化研究所蔵）

東京市麻布区。紋付の着物に束髪の令嬢。改まった衣装にも、首掛け時計鎖など最新の装身具をつけ、おしゃれに敏感な令嬢ぶりを発揮している。椅子に凝ったポーズでかけた姿は、洗練された演出である。

美人令嬢第10等

池田政子（21歳）

（国立国会図書館蔵）

東京市麹町区。着物姿に流行のボア（当時はボーアと呼んだ）というダチョウの羽根の襟巻きをする令嬢。後れ毛のひさし髪。

美人令嬢第11等

内藤ヨシ子（20歳）

（国立国会図書館蔵）

東京市麹町区。前髪を大きく張ったひさし髪に流行の花飾りをさす。黒紋付の正装にも、後れ毛をあしらい、首掛け時計鎖をさげている。

美人令嬢第12等

伊藤シゲ子（23歳）

（国立国会図書館蔵）

東京市日本橋区。無地の着物にひさし髪の令嬢。

北海道代表

奥野カツ子（国立国会図書館蔵）
（北海道１等　時事新報社選定）

青森代表

奥村チヨ子（国立国会図書館蔵）
（青森１等　東奥日報社選定）

岩手代表

赤澤マサ子（ポーラ文化研究所蔵）
（岩手１等　岩手毎日新聞社選定）

宮城代表

鴇田トク子（国立国会図書館蔵）
黒の五つ紋の正装に島田髷の令嬢。下唇の口紅化粧が特徴的。

林トク子（国立国会図書館蔵）
（秋田１等　秋田魁新聞社選定）

田尻カツ子（国立国会図書館蔵）

秋田代表

岩岡ハル子（国立国会図書館蔵）

野々村サダ子（国立国会図書館蔵）

豊田ワカ子（国立国会図書館蔵）

山形代表

阪東ヨシ子（国立国会図書館蔵）
（山形１等　山形新聞社選定）

高木芳子（ポーラ文化研究所蔵）

福島代表

太宰照代子（ポーラ文化研究所蔵）
（福島１等　福島民報社選定）

茨城代表

西垣ヨシ子
（ポーラ文化研究所蔵）

藤井コウ子（国立国会図書館蔵）

栃木代表

土屋ノブ子（国立国会図書館蔵）
３等の令嬢。宇都宮から浅草へ遊びに上京した際に、浅草の写真館で撮影したという。

群馬代表

今井ケイ子（国立国会図書館蔵）

宮内里喜子
（国立国会図書館蔵）
（群馬１等　上毛新聞社選定）

埼玉代表

遠山トク子
（国立国会図書館蔵）

千葉代表

栗栖ツヤ子（ポーラ文化研究所蔵）
風琴を演奏する令嬢。

東京代表

倉島イチ子（国立国会図書館蔵）
（東京１等　時事新報社選定）
アールヌーヴォー様式のドレス姿。束髪は洋装にも着物にもよく釣り合っている。

森　律子（国立国会図書館蔵）
後に川上貞奴が指導した帝劇女優養成所を卒後して帝劇女優１号となった。雑誌の化粧品小間物広告にも登場している。

下田リヤウ子（国立国会図書館蔵）
（神奈川１等　時事新報社選定）
前髪を分けて櫛をさした束髪はめずらしい。ボアが、華やかさを演出している。

神奈川代表

橋本良久子（国立国会図書館蔵）
（神奈川１等　時事新報社選定）

倉澤フデ子（国立国会図書館蔵）
（長野１等　信濃毎日新聞社選定）

長野代表

土屋ヤソ子（国立国会図書館蔵）
ボアを巻き、ロイドめがねをかけた姿は凝った演出である。

土屋昌子
（ポーラ文化研究所蔵）

鈴木キチ子
（ポーラ文化研究所蔵）
（新潟１等　東北日報社選定）

新潟代表

富山代表

若林キミ子（ポーラ文化研究所蔵）
（富山１等　時事日報社選定）

原幾代子（ポーラ文化研究所蔵）

林玉子（ポーラ文化研究所蔵）

石川代表

福井代表

吉田友子（国立国会図書館蔵）

竹澤豊子（国立国会図書館蔵）
時計を側に、読書する姿は、インテリ女学生の演出であろう。

岐阜代表

長崎手瑠子（ポーラ文化研究所蔵）
（岐阜１等　時事日報社選定）

静岡代表

山下佳子（ポーラ文化研究所蔵）

内田ミツ子（ポーラ文化研究所蔵）
（岐阜１等　時事日報社選定）

愛知代表

青井テイ子（国立国会図書館蔵）
（愛知１等　時事新報社選定）

高田サイ子（国立国会図書館蔵）

三重代表

土居クニ子（国立国会図書館蔵）

滋賀代表

西村志可子（国立国会図書館蔵）
（滋賀１等　近江新報社選定）

京都代表

日夏峰子
（国立国会図書館蔵）
（京都１等）

澤村スエ子（国立国会図書館蔵）

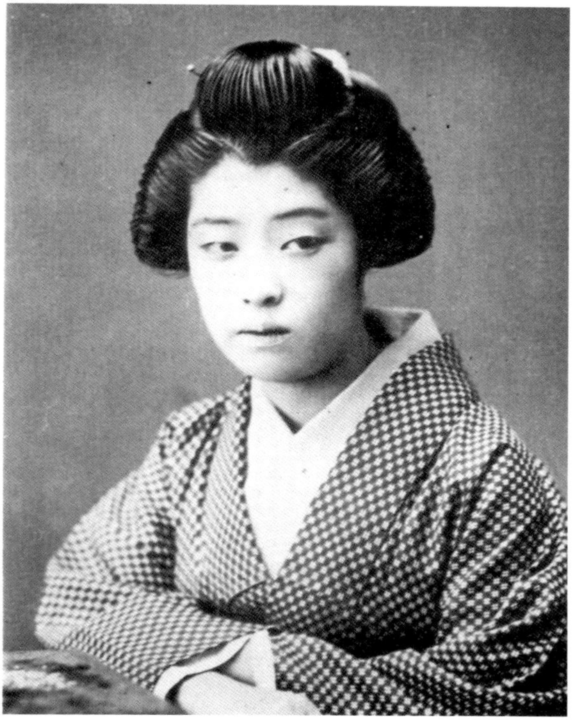

大阪代表

荒井エン子（ポーラ文化研究所蔵）
（大阪１等）

岩本ヨシ子（ポーラ文化研究所蔵）
（大阪１等　時事新報社選定）

兵庫代表

嘉納芳子（ポーラ文化研究所蔵）
束髪に着物で、吾妻コートの令嬢。

清水キミ子（ポーラ文化研究所蔵）

井上雪枝子（ポーラ文化研究所蔵）
（和歌山１等）

和歌山代表

広島代表

木村チヨ子（ポーラ文化研究所蔵）
（広島１等　時事新報社選定）

藤井駒子
（ポーラ文化研究所蔵）

山口代表

加藤静代子
（ポーラ文化研究所蔵）
（山口１等　馬関毎日新聞社選定）ひさし髪に大きなリボンの袴姿。襟と胸元に襟止めブローチをつけるのも流行だった。美人帖の令嬢たちは、西洋装身具を自由に使いこなしている。

徳島代表

金沢キクミ子
（ポーラ文化研究所蔵）
（徳島１等　徳島毎日新聞社選定）　ボア、花を持つ横向きのポーズの写真は少なく、新鮮な印象を与える。

森田國榮子（ポーラ文化研究所蔵）

高知代表

生原イク子（ポーラ文化研究所蔵）
（高知１等　土佐新聞社選定）

福岡代表

吉田ミツエ子（ポーラ文化研究所蔵）

宮崎代表

藤岡ヨシエ子（国立国会図書館蔵）
（宮崎１等　宮崎新聞社選定）

鹿児島代表

藤田喜佐子（国立国会図書館蔵）
（鹿児島１等　鹿児島新聞社選定）
ネックレスを二重につけた令嬢は、他にない大胆なポースをとっている。

明治の女学生の服装の変遷

明治の上流中流家庭の子女が誰しも憧れた「女学生」――。その女学生の服装の変遷を、明治10年（1877）に創立した東京女子高等師範学校（現お茶の水女子大学）の創立当初からの写真によって、追って見よう。

明治 10 年（1877）　東京女子高等師範学校創立時代（縞袴着用）（お茶の水女子大学蔵）

袴を着用した生徒たち。当初は紺色と浅黄色の立縞模様の木綿袴（平袴形）を官給されたという。

明治 12 年 2 月　東京女子高等師範学校創立時代（お茶の水女子大学蔵）
和装の生徒たち。明治 12 年 1 月頃より袴の着用が禁止されたという。

明治 19 年（1886）7 月　東京女子高等師範学校（夏服）（お茶の水女子大学蔵）

明治 19 年 10 月より、生徒は一般に洋服を着用することとされた。本写真はそれに先行するものであるが、その端緒が窺われる。バッスルスタイルのドレス姿。早い時期の洋装を伝える貴重な資料。

明治 23 年（1890）3 月　東京女子高等師範学校（お茶の水女子大学蔵）

明治 19 年 10 月より、生徒は一般に洋服を着用することとされた。本写真はいわゆる「鹿鳴館時代」最中のものである。髪は西洋束髪にして、指輪をはめている。この頃は、前髪をまだ張り出していない。

明治27年（1894）3月　東京女子高等師範学校（お茶の水女子大学蔵）

「鹿鳴館時代」終焉ののち、「国粋時代」となり、生徒の服装は和装へと回帰する。本写真においては三つ紋の礼装を着用している。髪は束髪。

明治 33 年（1900）３月　東京女子高等師範学校袴着用 (海老茶又は紫紺)

（お茶の水女子大学蔵）　三つ紋（礼装）の上衣に、袴を着用した生徒たち。髪は束髪。

東京女子高等師範学校 *小学師範科卒業生アルバム*

明治 12 年 3 月〜明治 42 年 3 月

明治 12 年 (1879) 3 月（お茶の水女子大学蔵）

小学師範科卒業生。後列左端に国内女医 1 号となった荻野吟子（65 頁参照）がいる。

明治 18 年 (1885) 2 月（お茶の水女子大学蔵）

小学師範科卒業生。着物姿で、髪は島田が中心である。

明治 20 年（1887）4 月（お茶の水女子大学蔵）

小学師範科卒業生。明治 18 年（1885）に婦人束髪会と銘打って、日本髪の不衛生、不経済、不便をあげて、西洋束髪をすすめる動きが起きた。前髪は、真ん中分けや短く切り下げ、後頭部は、編んだ髪をまとめるイギリス結びや、頭頂部に結い上げる西洋上げ巻き、下方にまとめる下げ巻き・マガレートなどが推奨された。

明治22年（1889）4月（お茶の水女子大学蔵）

小学師範科卒業生。前髪を切り下げ髪にして、帽子をかぶっている。終わり頃のバッスルスタイルは、腰の後の張り出しが控えめになっている。知性を感じさせる女学生姿である。

明治 27 年（1894）3 月（お茶の水女子大学蔵）
高等師範科・小学師範科卒業生の卒業記念写真。

卒業記念写真帖『蘭香帖』（明治 44 年（1911）3 月）所収

青木シノ先生（お茶の水女子大学蔵）
音楽（楽器）の授業を担当した。

今村順先生（お茶の水女子大学蔵）
裁縫手芸（裁縫、組糸、嚢物）の授業を担当した。

明治42年（1909）3月（お茶の水女子大学蔵）
文科卒業生の卒業記念写真。ひさし髪の袴姿。

シャム国留学生ジョン（お茶の水女子大学蔵）
現在のタイ王国からの留学生。

神田順先生（お茶の水女子大学蔵）
裁縫の授業を担当した。教師もひさし髪の着物姿で、生徒と同じひさし髪であるが、大人の落ちつきを持ったスタイルに整えている。

オリエンタルな日本人女性のヌード写真を広めたスティルフリード

外国人カメラマンが撮った日本人女性

――幕末明治のヌード写真

井桜直美

●日本の写真師に影響を与えた撮影方法

ヌード写真の原点はフランスで、一八四〇年代に画家が下絵にするためにと制作されたのが始まりのようだ。その後、ヌード写真自体が評価されるようになり、その芸術性を競いあうようになる。一八五〇年ごろになるとステレオ写真でも制作されるようになり、美しい女性の裸が、生身のように立体的に見えるようにもなった。

◆　◆

日本人女性のヌード写真は、一八六〇年代から職業写真家が日本の風俗を紹介するため、行水や入浴などの様子を撮影したものから始まったと思われる。文久三年（一八六三）に横浜居留地で写真館を始めたベアトによって撮影された写真の中には、屋外に無理矢理置かれたような風呂桶で、日常の入浴シーンを演じる女性たちの写真や、上半身を露わにして桶や柄杓をもつ姿の女性の写真などがある。日本独特の習慣のひとつとして紹介されたようで、日本人女性の力強さが伝わってくる。ベアトと同じころ、横浜で写真館を開業していた下岡蓮杖も、これを真似てか小さなタライで入浴をする全裸の女性の姿などを写している。ヌード写真というよりは、生活の一場面で民俗の紹介と解釈できる

外国人カメラマンが撮った日本人女性（長崎大学附属図書館蔵）

明治初期（1870年代）撮影。スティルフリード撮影。屏風の前で片肌姿で合奏する女性たち。左の女性は太鼓をたたき、中央の２人の女性は三味線を弾いている。右の女性は足を前に出し、頬杖をついている。前には徳利や茶碗が置かれている。

写し方である。

日本人女性のオリエンタルな美しさを強調させたような、芸術性を帯びたヌード写真を登場させたのは、一八七〇年代に日本で活躍した写真家スティルフリードではないだろうか。画家でもあった彼が写真で表現した作品は、どれも陰影が巧みに操られ、どこか意味ありげな表情を捉えている。それによって、日本人女性のエキゾチックで、また妖艶なムードが漂う。当時、写真のモデルとなった女性は、芸者や遊郭で働く女性であったとされるが、外国人でありながらもここまでの表情を彼女たちにさせたのだ。そして、明治中期以降になっても、スティルフリードが残した作品は、明治十八年（一八八五）にスティルフリードが興した日本写真社を買い取ったファサリ商会によって、その後に作製された写真帖などに時折登場する。

スティルフリードのその芸術的な撮影方法は、すぐに日本人の写真家に大きな影響を与えたと思われる。明治初期に活躍していた臼井

日本人女性（日本カメラ博物館蔵）
明治初期（1870 年代）撮影。。スティルフリード撮影。

日本人女性
明治初期（1870 年代）撮影。スティルフリード撮影。

秀三郎や一代目鈴木真一などが撮影した写真の中には、この撮影方法によく似たヌード写真や肖像写真がみられる。また、ベアトやスティルフリードより写真術やその技法を学んだ日下部金兵衛は、たとえ日本の習慣を伝える入浴シーンの写真であっても、女性の表情や裸体の美しさについ目が留まるような写真を撮っている。

◆　◆

こうして、外国人カメラマンが撮った日本人女性のヌード写真は、日本の写真師たちに影響を与え、日本にもヌード写真が定着していった。日本の習慣のひとつとして裸の女性が写っている写真は、ヌード写真とは別の意味合いで興味深いが、そこに芸術性が加えられ、まるで浮世絵や錦絵に描かれたような日本人女性のヌード写真は、今の世から見ても美しい。

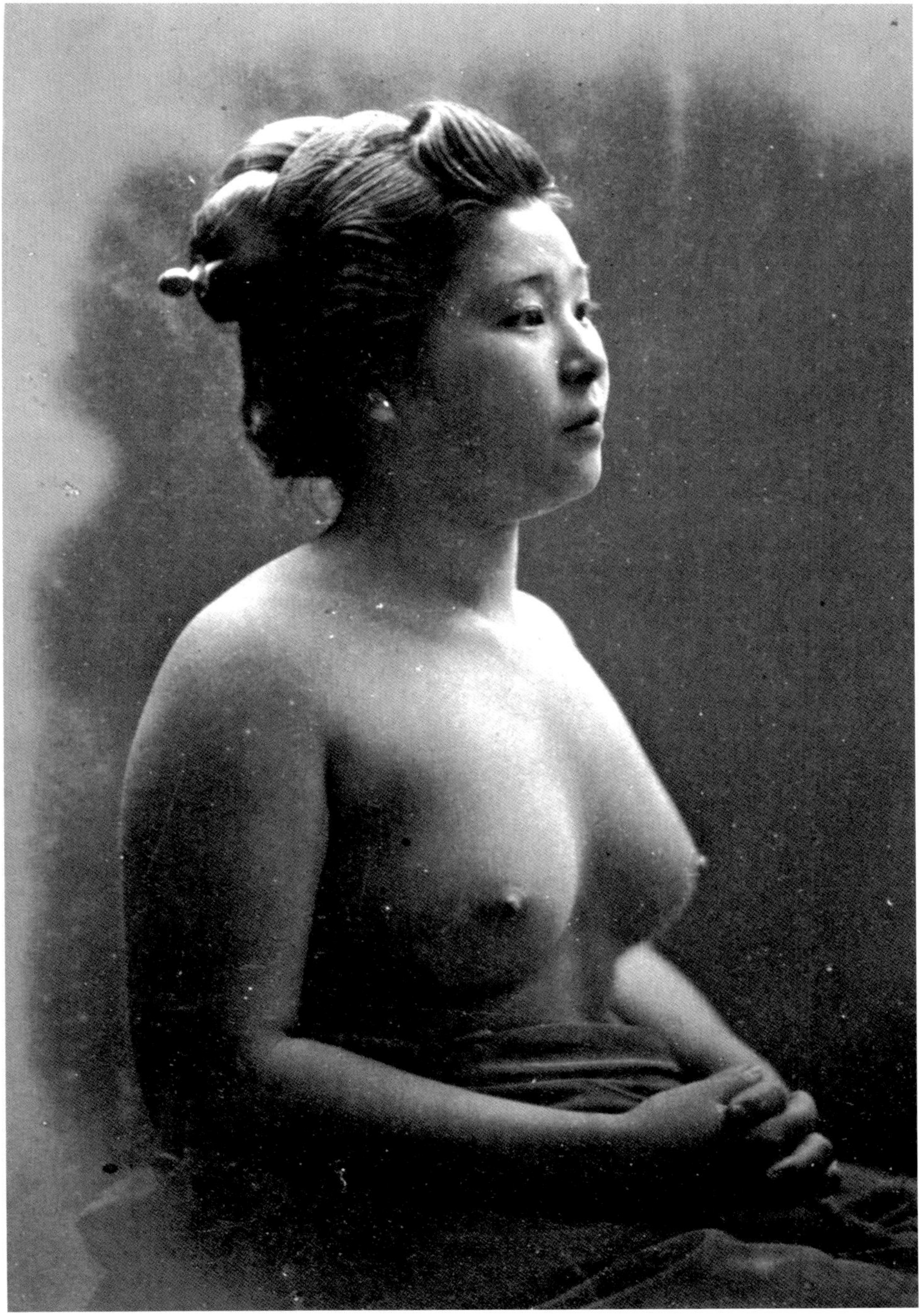

セミヌードの女性（日本カメラ博物館蔵）
明治初期（1870）年代撮影。スティルフリートド撮影。

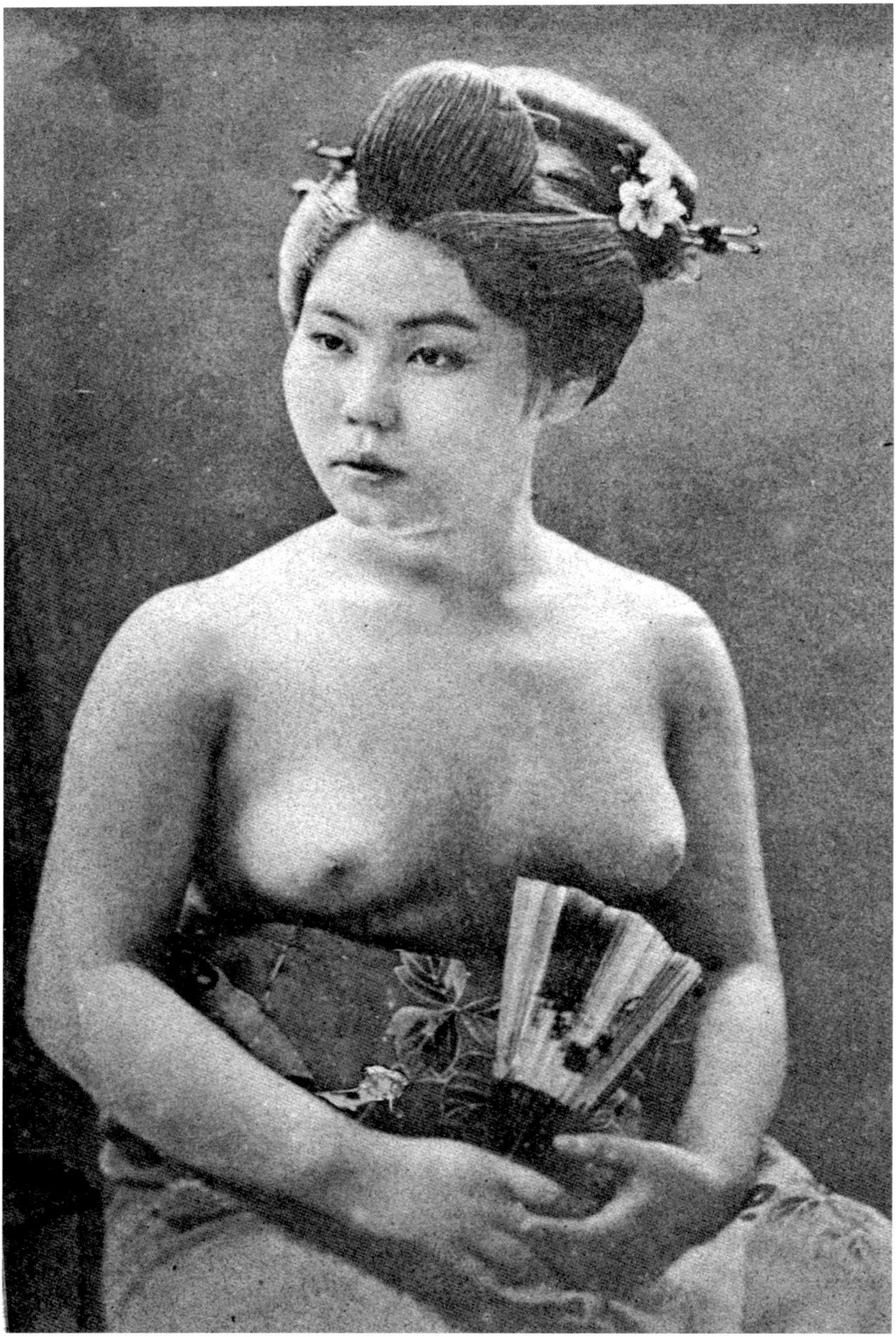

セミヌードの女性（井桜直美氏蔵）
明治初期（1870 年代）撮影。スティルフリード撮影。

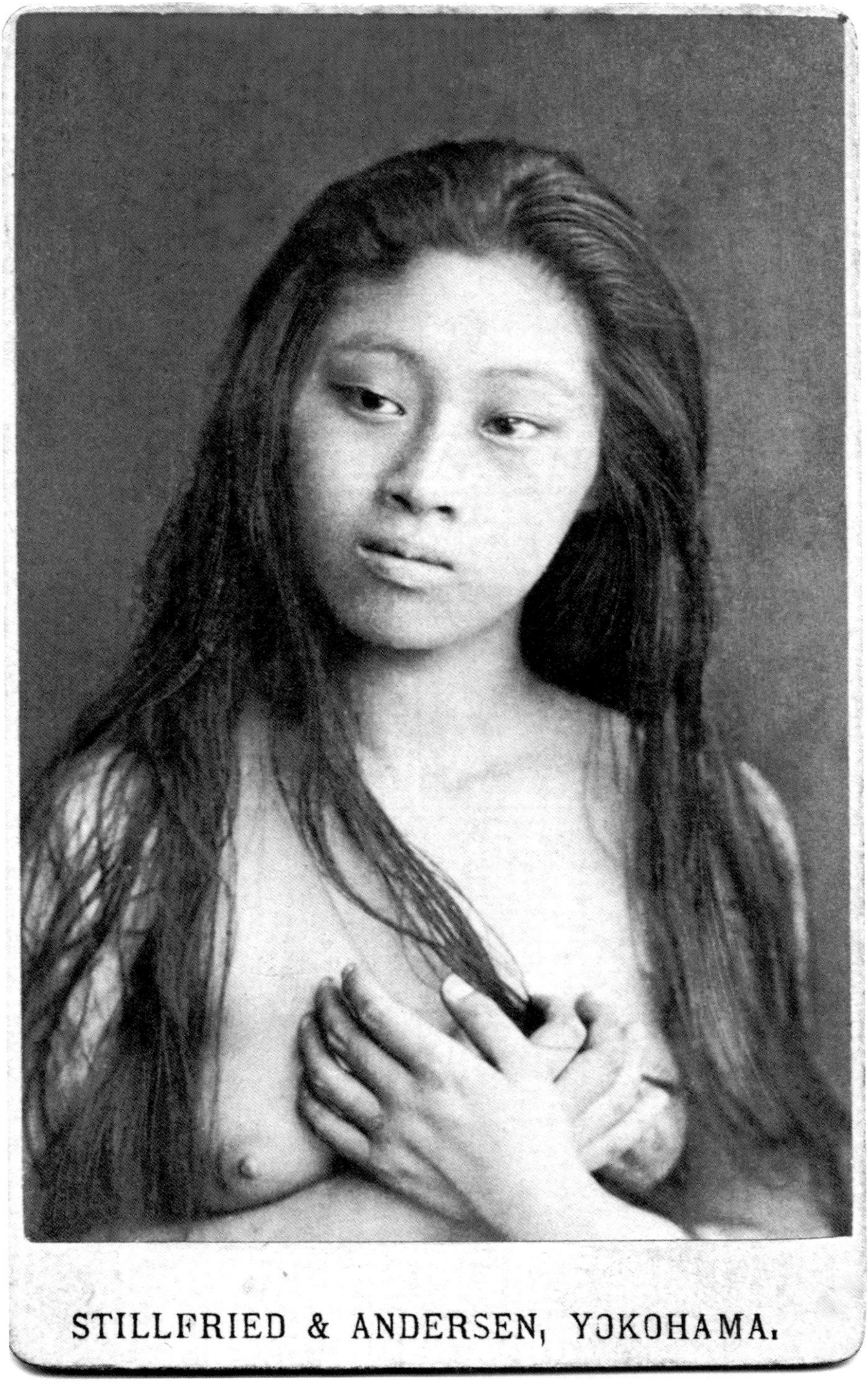

セミヌードの女性（井桜直美氏蔵）明治初期（1870年代）撮影。スティルフリード撮影。

三味線を弾く片肌の女性

（長崎大学附属図書館蔵）

明治初期（1870 年代）撮影。スティルフリード撮影。ひとりの女性が右片肌を脱ぎ乳房を出して三味線を弾いている。

片肌姿の女性

（長崎大学附属図書館蔵）

明治初期（1870 年代）撮影。スティルフリード撮影。左片肌を脱ぎ乳房を見せて正座する女性。前には煙草盆が置かれ、膝に置いた右手に煙管を持っている。背後には掛け軸が掛かっている。

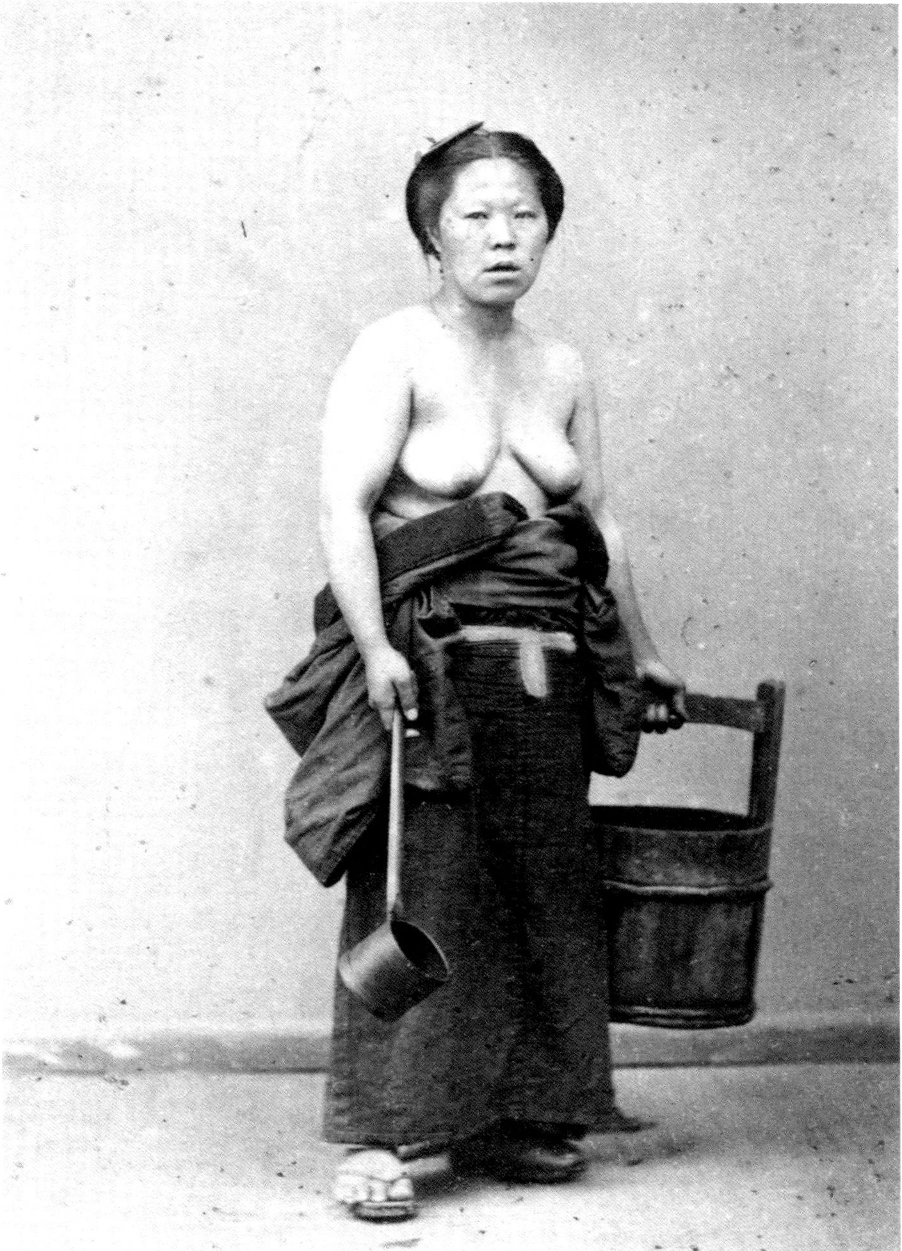

桶と柄杓を持つ女性

（日本カメラ博物館蔵）

明治初期（1870年代）撮影。F・ベアト撮影。ひとりの女性が乳房を出して桶と柄杓を持つ。日本の風俗として紹介された。

入浴する女性たち

（長崎大学附属図書館蔵）

明治２〜３年（1869－70）。スティルフリード撮影。ウィルヘルム・バーガーのステレオカードの「東アジアシリーズ」の１枚。若い女性の入浴シーンを撮影している。体を擦る場面であるが、演出写真のようである。

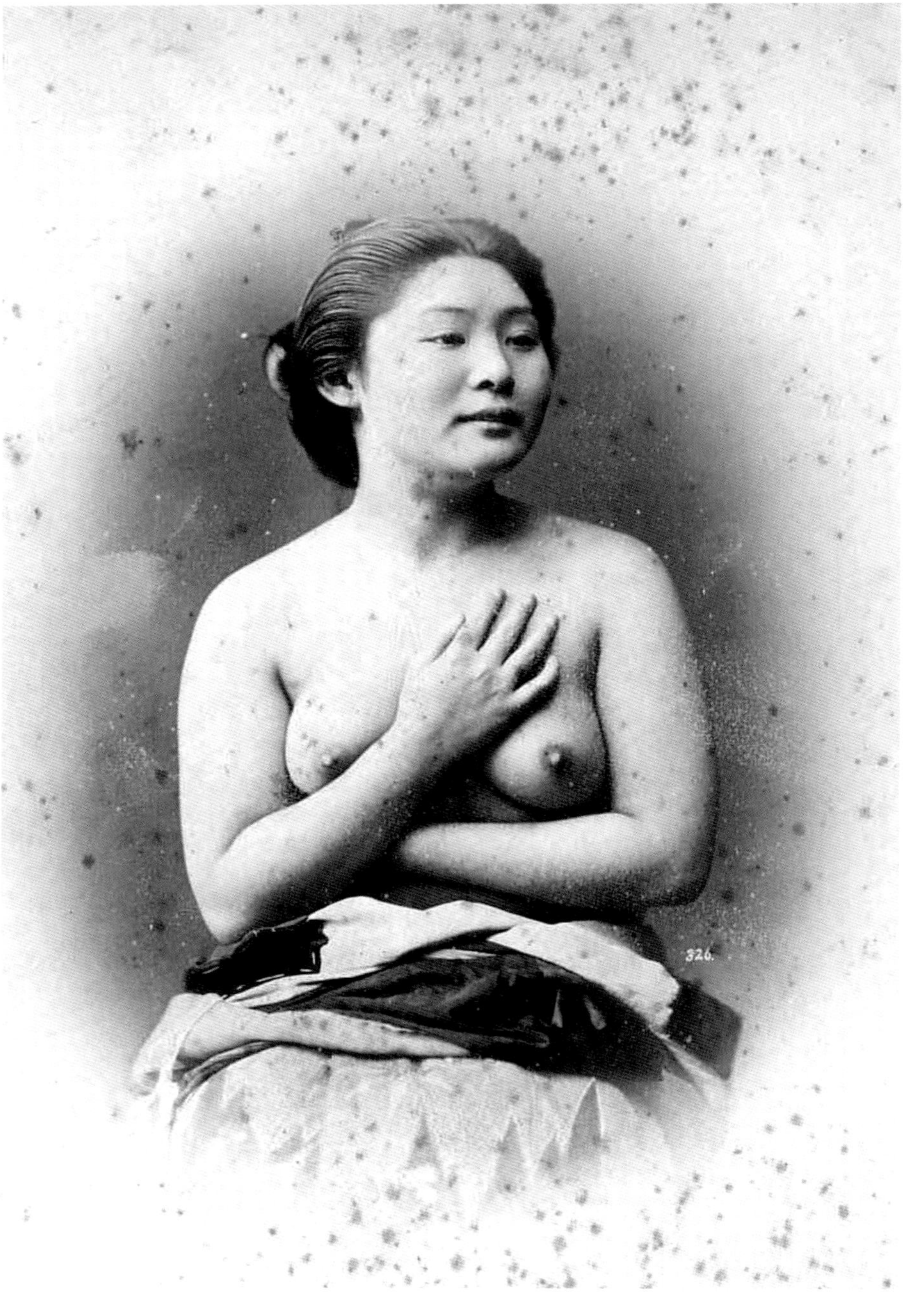

半裸の女

（長崎大学附属図書館蔵）

明治初期（1870 年代）撮影。F・ベアト撮影か。『長崎明治手彩色写真帖』に収録されている写真。

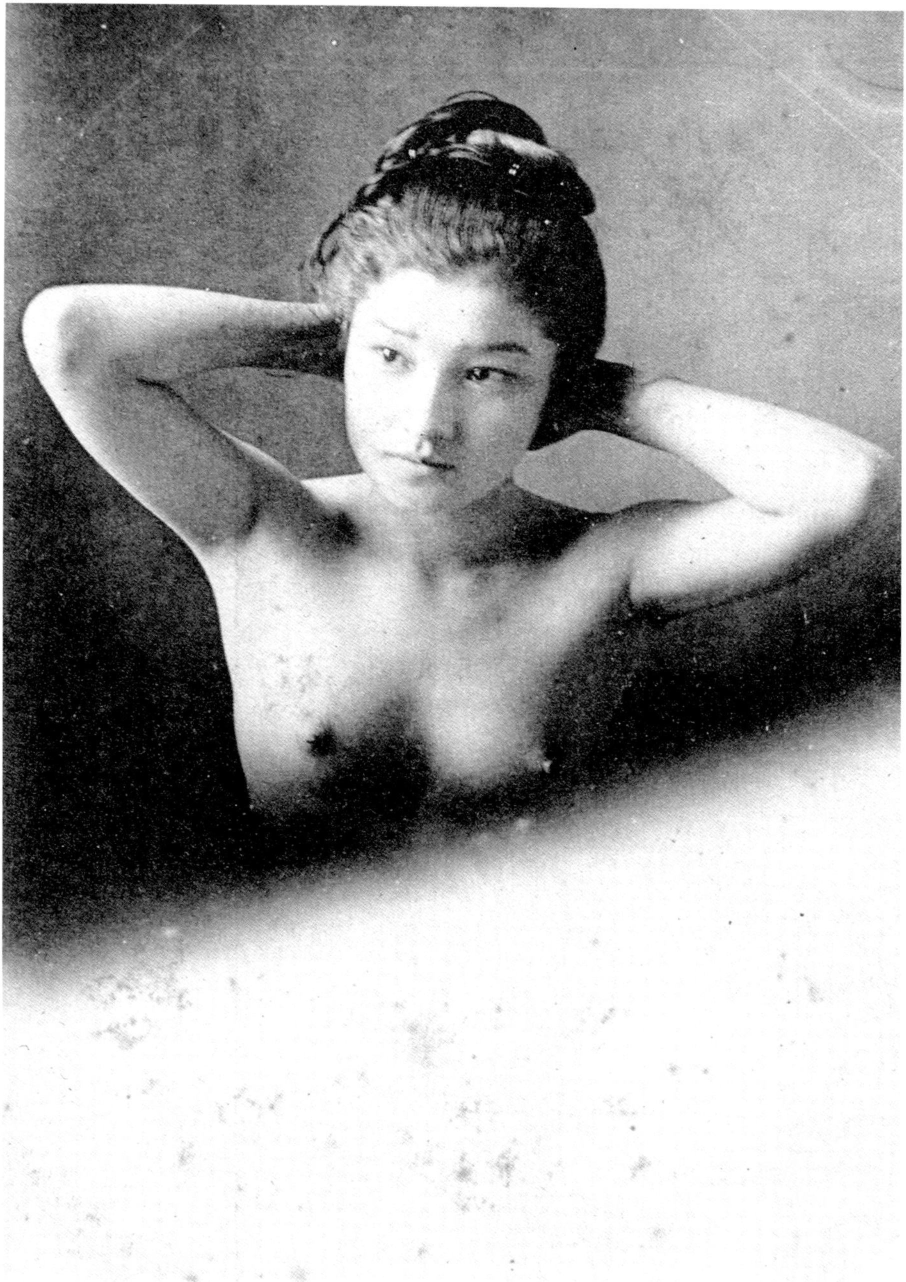

半裸の女（絵はがき）

（ポーラ文化研究所蔵）

撮影年代未詳。日本人の写真師が撮影した写真。芸術作品として撮られた感がある逸品である。

写真師が撮影した幕末明治の女たち

スティルフリード写真集

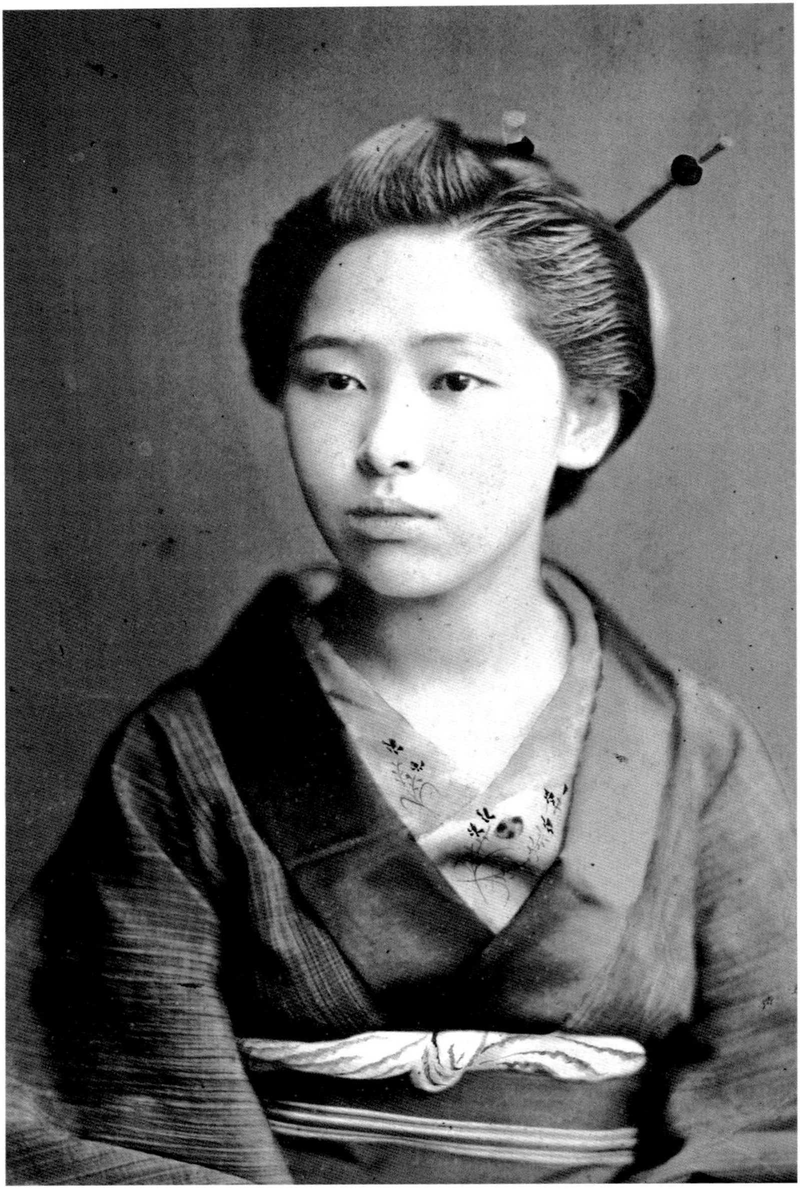

女性（日本カメラ博物館蔵）
撮影年代未詳。スティルフリード撮影。

踊る女（日本カメラ博物館蔵）
撮影年代未詳。スティルフリード撮影。

寄り添う女性たち（長崎大学附属図書館蔵）

撮影年代未詳。スティルフリード撮影。『スティルフリード・アルバム』に収録されている写真。5頁の写真を左右反転させた構図になっているが、写っているモデルは別人のようだ。

絵草紙を見る女性（長崎大学附属図書館蔵）

撮影年代未詳。スティルフリード撮影。『スティルフリード・アルバム』に収録されている写真。長火鉢に薬罐と茶道具。三味線と絵草紙とが取り散らされている。ぶどうねずみの縮緬羽織に、えんじの布で髷を包んだ姿。まだ「肩上」と「幼顔」が取れない。

笑う女性（長崎大学附属図書館蔵）

撮影年代未詳。A・ファサリ撮影。『ファサリ・アルバム』に収録されている写真。両腕を首の後ろで組んで、くつろいだポーズをとる丸髷の女性で、黒繻子（くろしゅす）の襟をつけた大柄な縦縞の普段着を着ている。ただ綸子（りんす）文様の帯は不釣合にみえる。

洗い張りをする女性たち（長崎大学附属図書館蔵）

撮影年代未詳。A・ファサリ撮影。『ファサリ・アルバム』に収録されている写真。竹ざおに通している着物は、虫干しである。土用干しともいう。晴天の湿気の少ない日に風通しのよい場所で着物を干して、湿気やほこり、虫などの害を防ぐ。娘たちは、襷（たすき）がけをしている。

雪装束の女性たち（長崎大学附属図書館蔵）
撮影年代未詳。A・ファサリ撮影。『ファサリ・アルバム』に収録されている写真。お高祖頭巾をかぶり、高下駄を履いた２人の女性が正面を向いて立っている。２人は左の女性が開いた傘に一緒に入り、右の女性は閉じた傘を右手に持っている。背景は垣割。

日本の婦人（長崎大学附属図書館蔵）
文久３年（1863)、Ｆ・ベアトの撮影。「日本人婦人＜かささん＞、63年９月」と記されている。ベアトの来日後早い時期の写真である。場所は横浜と思われるが、撮影されているのは衣装から芸者と思われる。

お高祖頭巾の女性（長崎大学附属図書館蔵）

元治元年から慶応２年（1864－6）、F・ベアトの撮影。「夜の衣装」と題されている。これは女性の夜の外出着を撮影したものである。お高祖頭巾、和傘、提灯が特徴的である。提灯の紋所は「桔梗の二引き」とよばれる家紋である。

脈をとる医者（長崎大学附属図書館蔵）
文久3年（1863）、F・ベアトの撮影。『ボードインコレクション』に収録されている写真。

髪結い（長崎大学附属図書館蔵）

文久３年（１８６３）、Ｆ・ベアトの撮影。『ボードインコレクション』に収録されている写真。

子供を背負う女性（長崎大学附属図書館蔵）
文久３年（１８６３）、Ｆ・ベアトの撮影。『ボードインコレクション』に収録されている写真。

長火鉢（長崎大学附属図書館蔵）
慶応元年（1865）、F・ベアトの撮影。『ボードインコレクション』に収録されている写真。

箱火鉢と娘（長崎大学附属図書館蔵）
文久3年（1863）、F・ベアトの撮影。『ボードインコレクション』に収録されている写真。

合わせ鏡（長崎大学附属図書館蔵）
撮影年代未詳。F・ベアト撮影か。『F・ベアトアルバム』
に収録されている写真。

玉村康三郎写真集

雨傘をさす女性（長崎大学附属図書館蔵）

撮影年代未詳。玉村康三郎撮影。『玉村康三郎アルバム』に収録されている写真。

鼓を打つ芸奴（長崎大学附属図書館蔵）

撮影年代未詳。玉村康三郎撮影。『玉村康三郎アルバム』に収録されている写真。

女性の肖像（長崎大学附属図書館蔵）

撮影年代未詳。小川一真撮影。『小川一真アルバム』に収録されている写真。このモデル自身が依頼した肖像写真であろう。聡明で意志の強そうなこの女性の姿からそのような印象を受ける。眼の強さが印象的である。

糸紡ぎ（長崎大学附属図書館蔵）
撮影年代未詳。小川一真撮影。『小川一真アルバム』に収録されている写真。振り袖を着た若い娘２人のうち、１人が糸巻き車で糸を巻き移し、他の１人が巻きあがった糸の束をほぐしている。衝立に着物の生地と思われる布が掛けられている。

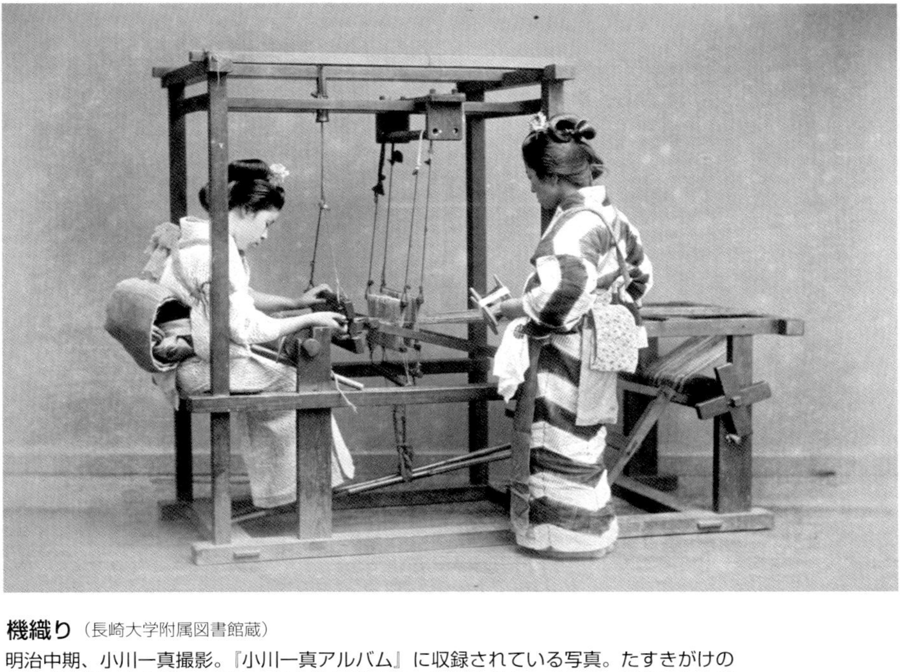

機織り（長崎大学附属図書館蔵）
明治中期、小川一真撮影。『小川一真アルバム』に収録されている写真。たすきがけの女性が高機で布を織っており、その横に糸を持った女性が立っている。高機は竹の踏み木を踏んで縦糸を上下させ、その間に杼（ひ）を通して織物を織った。

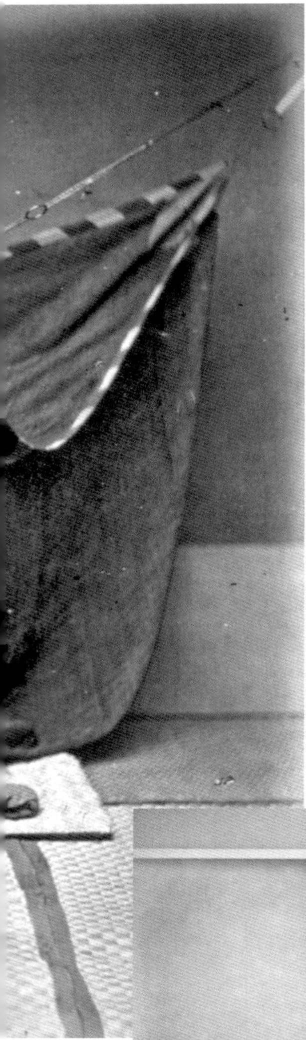

食事風景（長崎大学附属図書館蔵）

撮影年代未詳。小川一真撮影。『小川一真アルバム』に収録されている写真。若い娘５人による日本人の食事の様子の演出写真。それぞれ、お櫃からご飯をつぐ、酒を銚子と杯で酌み交わす、箸でご飯とおかずを食べるといったポーズをとっている。畳の上に膳が置かれ、火鉢に鍋がかけられている。

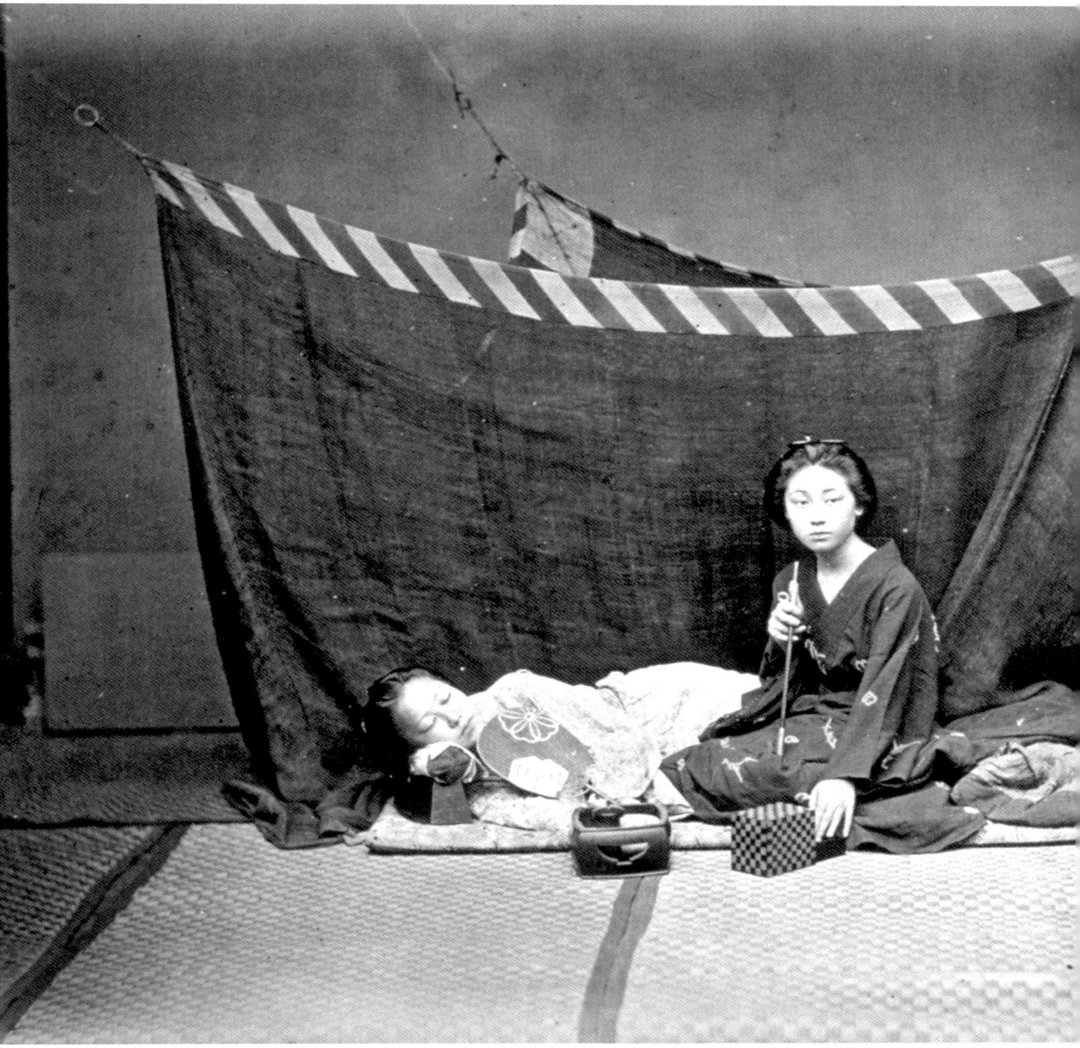

蚊帳と女性たち（長崎大学附属図書館蔵）

撮影年代未詳。小川一真撮影。『小川一真アルバム』に収録されている写真。蚊帳は、蚊を防ぐために、四隅を吊って寝床を覆うものである。材料は麻や木綿で、色は萌葱色のものが多かった。横になっている女性の枕は箱枕。日本髪の崩れを防いだ。もう一人の女性が手にしているのは、長煙管である。明治年間まで、女性の喫煙は普通に見られた。

日下部の半纏を着た娘の肖像（長崎大学附属図書館蔵）

撮影年代未詳。日下部金兵衛撮影。『日下部金兵衛アルバム』に収録されている写真。若い娘が半纏をまとい、煙管と煙草入れを手に、いなせな若者に扮している。スタジオでの顧客の望みに応じた扮装写真であろう。

お高祖頭巾の女性（長崎大学附属図書館蔵）

撮影年代未詳。日下部金兵衛撮影。『日下部金兵衛アルバム』に収録されている写真。スタジオ撮影だと思われるが、お高祖頭巾が冬季の防寒具であることをよく示している。蛇の目傘を手にした女性が着用しているのは、道行きコート。足元は、雪下駄だろう。典型的な女性の冬装束といえよう。

髪結い（長崎大学附属図書館蔵）

明治中期、日下部金兵衛撮影。『日下部金兵衛アルバム』に収録されている写真。髪結いに髪を結ってもらっている女性。周りには、髪結い道具の他、手鏡、茶の盆、火鉢などが置かれている。中央の鏡には、女性の顔が映っている。

舞台衣装の芸妓たち（長崎大学附属図書館蔵）

撮影年代未詳。日下部金兵衛撮影。『日下部金兵衛アルバム』に収録されている写真。白波五人男の衣装を着け、高下駄・手拭い・番傘を手に持つ５人の女性たち。

鳥追女たち（長崎大学附属図書館蔵）

撮影年代未詳。臼井秀三郎撮影。『臼井秀三郎写真集』に収録されている写真。「日本の歌手」とあるが門付芸の鳥追女の演出。もともと予祝儀礼であった鳥追いが都市において儀礼化し、門付芸となり、編笠姿の三味線弾の女性は鳥追女と呼ばれた。祝言を述べて銭をもらい歩いていた。

花魁たちと駕籠（長崎大学附属図書館蔵）

撮影年代未詳。臼井秀三郎撮影。『臼井秀三郎写真集』に収録されている写真。花魁が従者を供にし正装して往来することを花魁道中という。新造、禿、遣手の他、夜具や三味線，太鼓を持つ男もついた。

家族による子供の祝い

（長崎大学附属図書館蔵）

撮影年代未詳。臼井秀三郎撮影。『臼井秀三郎写真集』に収録されている写真。羽織、袴を装った兄弟とその姉、そして母親と姑。裏地のある初冬の着物であるから明治期の七五三の行事の風俗であろう。

花魁（長崎大学附属図書館蔵）

撮影年代未詳。鈴木真一撮影。『鈴木真一写真館』に収録されている写真。花魁とは上級遊女のこと。花魁の服飾は派手で、華麗さを競った。また、髪も前後 6 本ずつ計 12 本のかんざし、2 枚のくし、長い笄（こうがい）をさし、豪華に飾った。2 枚歯の高下駄を履くのも特徴であった。

化粧（長崎大学附属図書館蔵）

撮影年代未詳。鈴木真一撮影。『鈴木真一写真館』に収録されている写真。上半身をはだけて、化粧をする女性。右手に化粧に用いる小物と、化粧の道具箱が見える。鏡に映る女性の顔の向きと大きさが不自然である。

お高祖頭巾の女性（長崎大学附属図書館蔵）

撮影年代未詳。鈴木真一撮影。『鈴木真一写真館』に収録されている写真。お高祖頭巾を被った女性のスタジオ写真。お高祖頭巾は冬期の女性の防寒具として用いられた。

団扇を持つ女性（長崎大学附属図書館蔵）

撮影年代未詳。鈴木真一撮影。『鈴木真一写真館』に収録されている写真。団扇は元禄の頃、女性の間で扇子の代わりに持って歩くのが流行し、人気役者を描いた浮世絵の絵柄のものに人気があったという。写真のものは時代が新しくシンプルなデザインのもの。

編者紹介

監　修

小沢健志（おざわ　たけし）
大正14（1925）年生まれ。東京国立文化財研究所技官、九州産業大学大学院教授などを経て現在、日本写真協会名誉顧問、日本写真芸術学会名誉会長。東京都歴史文化財団理事。1990年に日本写真協会賞功労賞を受賞。著書に『日本の写真史』ニッコールクラブ、1986年。『幕末・写真の時代』筑摩書房、1994年。『幕末・明治の写真』筑摩書房、1997年。『写真で見る幕末・明治』世界文化社、2000年、『写真明治の戦争』筑摩書房、2001年。

岡部昌幸（おかべ　まさゆき）
昭和32年（1957）年生まれ。早稲田大学第一文学部美術史専攻、同大学院で学ぶ。現在帝京大学文学部史学科教授。ジャポニスム学会理事長。専門は美術史、写真史。主著に『写真で見る江戸東京』新潮社、1992年。『すぐわかる作家別写真の見かた』東京美術、2005年。『迷宮の美術史 名画贋作』青春出版社、2006年、など多数

塚越　俊志（つかごし　としゆき）
昭和57年（1982）生まれ。東海大学大学院文学研究科史学専攻博士課程前期終了。現在、同大学院博士課程後期在学。著書に「坂本龍馬と福井・熊本藩」『龍馬の世界認識』岩下哲典・小美濃清明編、藤原書店、2010年。『世界を見た幕末維新の英雄たち』共著、新人物往来社、2007年。『レンズが撮らえた幕末の日本』岩下哲典共著、山川出版社、2011年。

井桜直美（いざくら　なおみ）
昭和40年（1965）生まれ。幕末・明治・大正期の写真を収集・研究。古写真研究家として雑誌や書籍などに執筆活動で活躍。また古写真を専門に販売、貸出などを行う「桜堂」を経営。著書に『セピア色の肖像』朝日ソノラマ、2000年。平成16年より日本カメラ財団の古写真研究員として嘱託勤務となり、毎年2回開催する古写真展を担当する。

津田紀代（つだ　のりよ）
昭和26年（1951）生まれ。ポーラ文化研究所主任学芸員。長年にわたり、日本、欧米の化粧文化の比較研究を行う。執筆のほか、化粧文化関連の展覧会を企画。編著書に『華やぐ女たち』ポーラ文化研究所、2003年、『輝きはじめた女たち』ポーラ文化研究所、2007年。『幕末明治美人帖』新人物往来社、2009年。『世界の櫛』世界文化社、1996年。

レンズが撮《と》らえた　幕末明治《ばくまつめいじ》の女《おんな》たち

2012年2月28日　第1版第1刷発行　2017年10月20日　第1版第3刷発行

監　修　小沢健志《おざわたけし》
発行者　野澤伸平
発行所　株式会社 山川出版社
〒101-0047　東京都千代田区内神田 1-13-13
電話　03(3293)8131（営業）　03(3293)1802（編集）
https://www.yamakawa.co.jp/
振替　00120-9-43993
企画・編集　山川図書出版株式会社
印刷所　半七写真印刷工業株式会社
製本所　株式会社 ブロケード
デザイン　有限会社 グラフ

ISBN978-4-634-15020-1